研究双書

Kenkyu Sosho No.621

独裁体制における議会と正当性

中国，ラオス，ベトナム，カンボジア

山田紀彦：編

IDE-JETRO アジア経済研究所

研究双書 No. 621

山田　紀彦　編『独裁体制における議会と正当性
――中国，ラオス，ベトナム，カンボジア――』

Dokusai-Taisei ni-okeru Gikai to Seitousei: Chugoku, Raosu, Betonamu, Kanbojia

(Legislature and Legitimacy under Dictatorship: China, Laos, Vietnam and Cambodia)

Edited by

Norihiko YAMADA

Contents

Introduction　Legislature and Legitimacy under Dictatorship　　　（Norihiko YAMADA）

Chapter 1　Standing Committee of the National People's Congress and Survival of the Communist Party of China: Party, People's Congress and Public in Law Making Process　　　（Kazuyuki SUWA）

Chapter 2　Process of Garnering Public Support in Lao PDR: Soaking up People's Complaint and Accountability　　　（Norihiko YAMADA）

Chapter 3　Regime Crises and the Renovation of the National Assembly in *Doi Moi*-era Vietnam　　　（Futaba ISHIZUKA）

Chapter 4　Regime Survival Strategy of the Cambodian People's Party: Legislative Cooptation and its Effects on Elections　　　（Hiroshi YAMADA）

Conclusion　Perspective for Understanding Dictatorship: Viewpoint from Legitimacy　　　（Norihiko YAMADA）

〔Kenkyu Sosho（IDE Research Series）No. 621〕
Published by the Institute of Developing Economies, JETRO, 2015
3-2-2, Wakaba, Mihama-ku, Chiba-shi, Chiba 261-8545, Japan

　　　　まえがき

　本書はアジア経済研究所において2013年度から2年にわたり実施された「一党支配体制下の議会：中国，ベトナム，ラオス，カンボジアの事例から」研究会の最終成果である。1年目の成果（山田紀彦編「一党支配体制下の議会：中国，ベトナム，ラオス，カンボジアの事例から」調査研究報告書）をふまえて本書は，4カ国の独裁体制が議会を通じてどのように正当性を維持・獲得し，体制の持続を図っているかを考察している。
　近年の比較政治学では議会，選挙，政党等の民主的制度が独裁体制の維持にどのような役割を果たしているのか，そのメカニズムの解明に関心が集まり，すでに多くの研究成果が生み出されている。そこでのおもな関心は独裁者がいかに民主的制度を活用しながら明示的/潜在的脅威を緩和するかである。
　しかし本研究会では先行研究の知見を継承しながらも，これまでとは異なるアプローチを採用した。ひとつは，独裁者が直面する重要課題として正当性の維持・獲得（国民の支持獲得）に着目したことである。独裁者が長期にかつ安定して体制を維持するには，体制への脅威緩和とともに，正当性を維持し幅広い国民の支持獲得が不可欠となる。そして本書がとりあげる4カ国では，議会が正当性の維持・獲得に重要な役割を果たしつつある。しかしこれまでの権威主義体制研究は，独裁者の課題を体制内外の脅威緩和にほぼ限定し，民主的制度もその解決手段として理解してきた。言い換えれば，独裁者が直面する課題が多様であることが十分理解されてこなかったのである。
　そしてもうひとつは，中国，ラオス，ベトナム，カンボジアという異なるサブカテゴリーに属する独裁体制の比較分析を行うために，4カ国を党と国家が融合した独裁体制ととらえ直したことである。先行研究の多くは競争的

体制（カンボジア）でも閉鎖的体制（中国，ラオス，ベトナム）でも，制度は同様の機能を果たすとの前提をおいていた。それゆえに，体制分類の鍵であった複数政党制と競争的選挙の有無という政治制度上のちがいは，制度の機能分析過程ではあたかもないものとされてきたのである。それでは各国の独自性はもとより，独裁者の課題や政治体制の種類によって民主的制度の機能にちがいが生じることは理解できない。そこで本書では4カ国を党と国家が融合した独裁体制ととらえ直すことで，サブカテゴリーの異なる独裁体制を比較の俎上に載せ，政党数や競争的選挙の有無といった政治制度上のちがいを説明変数として扱うことを可能にした。

　本書は何も正当性が独裁者の唯一の課題であり，党と国家が融合する体制という視点が唯一正しいと主張するのではない。上述のアプローチを採用するねらいは，体制維持と議会の関係は脅威の緩和だけでなく別の視点からもとらえることができ，議会機能やそれがもつ意味もその国の制度や政治的背景によって多様なことを示すことにある。本書が独裁体制の理解に少しでも貢献し，権威主義体制研究の発展に資すれば幸いである。

　最後に，本書をとりまとめるうえでご協力いただいた方々にお礼を申しあげたい。本書のすべての章は内容の一部を現地調査に依拠しており，各国の政府関係機関からは多大なご協力をいただいた。心からお礼申し上げたい。また研究会運営や出版においては，研究所管理部門や編集スタッフにご尽力いただき，オブザーバーとして参加くださった坂田正三，山岡加奈子，青木まき（以上アジア経済研究所）の各氏からは多くの有益なコメントをいただいた。これらの方々にも改めて感謝の意を表したい。

2015年8月

編者　山田紀彦

目　　次

まえがき

序　章　独裁体制における議会と正当性 …………………… 山田紀彦 ……3
　はじめに ……………………………………………………………………… 3
　第1節　4カ国をとりあげる理由，本書のねらい ………………………… 7
　第2節　先行研究の整理──独裁体制下の議会── ………………………12
　第3節　正当性と議会の役割──本書の分析枠組み── …………………16
　第4節　各章の概要 …………………………………………………………24

第1章　全国人民代表大会常務委員会と中国共産党指導体制の維持
　　　──法律制定過程における党と議会，そして大衆──
　　　　　　　　　　　　　　　　　　　　　　　　…… 諏訪一幸 …35
　はじめに ………………………………………………………………………35
　第1節　先行研究と本章の意義 ……………………………………………38
　第2節　立法過程と主要アクターに対する党指導 ………………………41
　第3節　「5カ年計画」制定過程での民意の取り込み ……………………48
　第4節　個別の法律制定過程におけるパブリックコメントの募集 ………53
　おわりに ………………………………………………………………………60

第2章　ラオスにおける国民の支持獲得過程──国会を通じた不満吸
　　　収と国民への応答メカニズム── ……………………… 山田紀彦 …69
　はじめに ………………………………………………………………………69
　第1節　先行研究と本章の位置づけ ………………………………………72
　第2節　不服申立て過程と国会の対応 ……………………………………78

第3節　ホットラインへの対応……………………………………………85
　おわりに………………………………………………………………………99

第3章　ドイモイ期ベトナムにおける国会の刷新と政治的機能
　………………………………………………………石塚二葉…109
　はじめに………………………………………………………………………109
　第1節　国会，国会議員選挙と一党独裁──先行研究とその評価──……112
　第2節　政治的脅威と国会機能の刷新…………………………………117
　第3節　1997年以降の政治的危機と国会………………………………122
　結語……………………………………………………………………………132

第4章　カンボジア人民党の体制維持戦略──議会を通じた反対勢力の取り込み・分断と選挙への影響──……………山田裕史…141
　はじめに………………………………………………………………………141
　第1節　カンボジア政治における選挙と議会の位置づけ………………144
　第2節　第3期国民議会（2003～2008年）……………………………149
　第3節　第4期国民議会（2008～2013年）……………………………160
　おわりに………………………………………………………………………167

終　章　独裁体制をとらえる視座──正当性維持の視点から──
　………………………………………………………山田紀彦…177
　はじめに………………………………………………………………………177
　第1節　議会機能の多様性………………………………………………179
　第2節　議会と正当性の関係……………………………………………182
　第3節　新たな視座への試論……………………………………………185
　おわりに………………………………………………………………………188

索　引……………………………………………………………………………193

独裁体制における議会と正当性

序　章

独裁体制における議会と正当性

山　田　紀　彦

　　はじめに

　冷戦の終焉以降，世界は民主化に向かうという楽観論が広がった。しかし世界にはいまだに多くの独裁体制が存在する。何を独裁体制とするかは定義によるためその数は論者によって異なるが，たとえばKöllner and Kailitz (2013, 1) は世界の国民国家や領域の4分の1，人口の約3分の1は独裁体制下にあると指摘している[1]。このような独裁体制の存続は1990年代後半から注目を集め，それにともなって権威主義体制研究が活況を呈するようになった。

　独裁者にとって最も重要なことは何だろうか[2]。それは自身の体制をできるだけ持続させることである。独裁者は一度権力を獲得したからといって，何もせずにその座にとどまることはできず，経済発展，ナショナリズム，イデオロギー，政治制度など，あらゆる手段を行使し体制を維持しようとする。体制の維持は独裁者にかぎらず，すべての支配者にとっての共通課題である。しかし独裁者にとっては死活問題であり，だからこそ反体制活動に対して暴力の使用もいとわないのだろう。とはいえ，暴力や抑圧だけで体制を維持できないことはすでに多くの論者が指摘している。また独裁者は1人で国家を統治することもできない。権力分有やレントの分配を通じて体制内エリートの離反を防ぐとともに彼らの協力を得，体制内の脅威を軽減する必要がある

(Boix and Svolik 2013)。体制外反対勢力の脅威を緩和することも重要だろう (Gandhi 2008; Svolik 2012)。さらに体制を安定的に維持するには，国民の積極的／消極的支持も獲得しなければならない[3]。Chang, Chu and Welsh（2013, 150）は「すべての近代的政治体制の存続と効率的な機能は，大衆の黙認や支持に依存している」と述べている。つまり独裁者が体制を安定的に持続させるには体制への脅威を緩和するだけでは不十分であり，正当性（legitimacy）を維持することも重要となる（Köllner and Kailitz 2013; Gerschewski 2013）[4]。

　近年の比較政治学では，議会，選挙，政党等の民主的制度が独裁体制の維持にどのような役割を果たしているのか，そのメカニズムの解明に関心が集まり，すでに多くの理論的および事例研究が生み出されている。そこでのおもな関心は，独裁者がいかに民主的制度を活用しながら明示的／潜在的反対勢力を体制に取り込み，脅威を緩和するかである。

　一方，Köllner and Kailitz（2013）やGerschewski（2013）が批判するように，これまでの権威主義体制研究は正当性の問題をさほど重視してこなかった。そのため，民主的制度が正当性の維持とどのような関係にあるのかについては分析されず，独裁者が議会を活用しながら正当性を高め，国民の支持獲得に努めていることが十分理解されてこなかったのである。ではなぜ，体制維持と正当性の関係にさほど関心が示されなかったのだろうか。

　筆者はその要因を，先行研究が複数政党制かつ競争的選挙を鍵概念としてきたことにあると考える。これまで独裁体制は，複数政党制と競争的選挙の有無により競争的か閉鎖的かに大別され，前者を中心に研究が進められてきた。競争的独裁体制では野党が存在し，体制内エリートにも体制から離脱する道が開けているため，体制内外の明示的／潜在的反対勢力を比較的明確に特定できる。したがって独裁者が体制を維持するには，反対勢力の取り込みや分断を行い，脅威を緩和する必要がある。言い換えれば，特定の脅威を緩和し，特定の支持を獲得することが重要となる。そうであれば政党，議会，選挙等の民主的制度と体制維持の関係も自ずと脅威緩和や取り込みという視点から論じられよう。そして同様の視点から閉鎖的独裁体制についても研究

が行われてきた。

　もちろん閉鎖的独裁体制でも反対勢力の取り込みは行われている[5]。とくに共産党独裁体制では市場経済化以降に現れた新しい社会経済エリートなどが潜在的脅威になり得，取り込み対象となる。また，軍や党内エリートも潜在的脅威となろう。共産党以外の選択肢がないためエリートの離反はほぼないが，指導部内の凝集性を高めるためにはレントの分配などを通じてエリートを体制内にとどめておく必要がある。ただし閉鎖的独裁体制では明示的反対勢力は存在せず，存在したとしても取り込み対象ではなく排除の対象となる。つまり閉鎖的独裁体制でも常に潜在的脅威に対して注意を払い，彼らの取り込み・分断を行わなければならない。

　とはいえ，どの独裁者にとっても体制を安定的に維持するうえで正当性が重要であることに疑問の余地はないだろう。とくに閉鎖的独裁体制では競争的選挙がないため，独裁者は国民の選好や体制への支持度合いを知ることができない。そこで体制を安定的に維持しようとすれば，特定の支持ではなく，正当性を向上させ常に幅広い大衆の支持を獲得することが求められる。つまり同じ独裁であっても体制の種類や政治制度が異なれば，独裁者の優先課題や必要な大衆の支持度合いも異なるのである。

　したがって政党，議会，選挙等を通じて正当性を向上させようとすれば，その機能は脅威緩和の場合とは異なると考えられる。また各国の状況や政治的背景によって制度の位置づけや機能の意味にもちがいが生じるだろう。にもかかわらず，これまでは体制内外の脅威緩和と民主的制度の関係にのみ関心が向けられ，そしてどの独裁体制でも民主的制度が同様に機能するとされてきた（Wright 2008）。体制分類の鍵であった複数政党制と競争的選挙の有無という政治制度上のちがいは，政党，議会，選挙等の機能分析ではあたかもないものとされてきたのである。それでは各国の独自性はもとより，独裁者の課題や政治体制の種類によって民主的制度の機能にちがいが生じることは理解できない。

　そこで本書は，先行研究の知見を継承しながらも，複数政党制や競争的選

挙の有無という鍵概念からいったん離れ，これまでとは異なるアプローチにより独裁体制下の民主的制度と体制維持の関係を考察する。具体的には，独裁者の課題として脅威の緩和だけでなく正当性の維持（大衆の支持獲得）にも着目し，中国，ラオス，ベトナム，カンボジアの4カ国を事例に，各国の独裁者が目的に応じて議会を活用し，正当性の維持・獲得に努めていることを明らかにする。その際，閉鎖的体制である中国，ラオス，ベトナムの3カ国と競争的体制であるカンボジアを[6]，党と国家が融合した独裁体制ととらえ直す。そうすることで体制の種類に囚われずに異なる独裁体制を比較の俎上に載せ，政党数や競争的選挙等の政治制度のちがいを説明変数とした分析が可能となる。

　本章は以下のように構成される。第1節では，なぜ4カ国を事例としてとりあげるのかを説明し，権威主義体制研究における本書の位置づけを明らかにする。第2節では，1990年代後半以降の権威主義体制研究の潮流を概観しながら，議会と体制維持の関係に絞って先行研究を整理する。第3節では，本書の分析枠組みを提示する。本書は，権威主義体制下の議会には体制への脅威緩和や社会情報の収集機能があるとするこれまでの知見を継承しつつも，独裁者が正当性を維持するための多様な機能も備わっているとの立場に立つ。そこで正当性と議会の関係について考察し，改めて議会機能について整理する。そして第4節では各章の概要を紹介する。

　本論に入る前に本書で用いる用語について明確にしておこう。ここまで筆者は独裁体制や権威主義体制という用語を説明なしに使用してきた。冒頭に述べたように何を独裁体制とするかは論者によって異なる。本書ではひとまず多くの先行研究にならい，統治者が自由かつ競争的選挙で選ばれる体制を民主主義体制，そのような要件を満たさない体制を非民主的体制とする（Przeworski et al 2000; Cheibub, Gandhi and Vreeland 2010; Svolik 2012）。そしてSvolik（2012）にならい，独裁体制や権威主義体制を非民主体制の総称として，かつ互換可能な用語として用いることにしたい[7]。また，独裁体制のなかでも競争的選挙を実施する体制の下位分類については，形容詞を冠して「●●

権威主義体制」と使用する（詳細は次節を参照）。ただし以上の用法はあくまで本書を理解するための便宜的措置であることをお断りしておく。

第1節　4カ国をとりあげる理由，本書のねらい

　冒頭で述べたように世界にはいまだに多くの独裁体制が存在する。本書でとりあげる中国，ラオス，ベトナム，カンボジアの4カ国も独裁体制に分類されることが多い。表序-1は各国の政治体制をスコアに基づき3分類したPOLITY IVプロジェクト，同じくスコアにより各国の自由度を測ったフリーダムハウスによる4カ国の位置づけである[8]。フリーダムハウスでは4カ国はともに非自由に分類されているが，POLITY IVでは中国，ラオス，ベトナムが独裁体制に，カンボジアは民主主義体制と独裁体制の中間タイプに位置づけられている。

　このちがいは，共産党独裁体制には野党がなく選挙も非競争的な一方で，カンボジアでは複数政党制による競争的選挙が実施されていることに起因する。したがって4カ国は自由度が低く単一政党体制という基本的な特徴を共有しつつも[9]，中国，ラオス，ベトナムの3カ国は共産党独裁体制に，カンボジアは「選挙権威主義体制」や「競争的権威主義体制」という異なるサブカテゴリーに分類される[10]。後述するように，独裁体制を政党数や選挙のあり方で分けるのは，1990年代後半以降の権威主義体制研究の潮流である。

表　序-1　POLITY IVとフリーダムハウスによるスコアと4カ国の分類

	中国	ラオス	ベトナム	カンボジア
POLITY IV	-7 独裁体制	-7 独裁体制	-7 独裁体制	2 中間
フリーダムハウス	6.5 非自由	6.5 非自由	6 非自由	5.5 非自由

（出所）Marshall, Gurr and Jaggers（2014），Freedom House（2014）。
（注）POLITY IVは本文注（8）を，Freedom Houseについて本文注（1）を参照。

1990年代以降，自由と公正さを欠くものの複数政党制による競争的選挙を実施する非民主的な体制が現れ，民主主義と非民主的な体制の境界はいっそう曖昧になった（久保・河野 2013, 4-5）。たとえば POLITY IV では，167カ国のうち民主主義体制は92カ国，独裁体制は20カ国，両者の中間タイプが55カ国となっている（Marshall, Gurr and Jaggers 2014）。そして1990年代後半以降，この「中間タイプ」を含めた独裁体制に注目が集まるようになった。そこでの関心は体制の類型化と，政党，議会，選挙等の民主的制度が独裁体制（以下，独裁体制という場合は「中間タイプ」を含めている）の維持にどのような役割を果たしているのか，そのメカニズムの解明にある。

　この2つの関心は密接に結びついている。体制の分類は論者によって異なるが，複数政党制と競争的選挙の有無を分類や分析の鍵としている点で共通性がみられ，「中間タイプ」の体制は「選挙権威主義」や「競争的権威主義」などのサブカテゴリーに分類される。図序-1は政党数と選挙のあり方による独裁体制の分類である。まず複数政党制と競争的選挙の有無により競争的と閉鎖的な独裁体制に分けられる。前者は選挙での競争や抑圧の度合いによって大きく2つに，後者は政党支配，軍制，王制などの統治形態の種類によって3つに分類される。もちろんこれらの分類は本書理解のための便宜的なものであり，論者によって類型化は異なる。重要なのは政党数と選挙のあり方で大別されてきたこと，そして先行研究が競争的独裁体制を中心に進められてきたことである（図序-1網掛け部分）。

　宇山（2014）は，形容詞を冠した「●●権威主義体制」というサブカテゴリー化が進んだことで地域横断的な比較が可能となり，権威主義体制研究が進歩したことを認めつつも，2つの点から再考を求めている。ひとつは，権威主義体制の類型化とはいえ「選挙のあり方」を問題視する時点で「民主化論」から抜けきれておらず，権威主義体制を民主主義体制からの逸脱ととらえていることである。そのため，権威主義体制で重要な意味をもつ公式の場以外での競争性を把握できないと指摘する（宇山 2014, 2）。もうひとつは，「類似性の多い国の間に，無理に競争的か否かの線を引くことで，近接比較

図 序-1 独裁体制の分類[1]

独裁体制（権威主義体制）				
競争的独裁 （複数政党制と競争的選挙あり）		閉鎖的独裁 （複数政党制と競争的選挙無し）		
選挙権威主義体制[2]		共産党独裁体制	軍事独裁	王制
競争的権威主義体制[3]	覇権的権威主義体制[4]			

（出所）関（2009, 168），Howard and Roessler（2006, 367）を基に筆者修正。
（注）1）「中間タイプ」を含めた独裁体制である。
2）本文注（6）を参照。
3）同上。
4）覇権的権威主義体制は定期的に選挙が行われるものの，市民の政治的権利や人権が抑圧され，実質的には野党も競争から排除され選挙が競争的でない事実上の一党支配体制である（Howard and Roessler 2006, 367）。しかし形式的であっても競争的選挙が実施されるため競争的体制に含めている。

を放棄して」（宇山 2014, 2-3）いることである。そして宇山は，中国やロシアなど多くの国が「かなり限定的な競争性しか備えていないものであることを考えると，競争的などの形容詞にこだわらず，権威主義体制全般を再度考察する必要がある」（宇山 2014, 3）と主張する。

宇山のいうとおり，サブカテゴリー化が進んだがゆえに権威主義体制研究が発展し，体制が持続するメカニズム分析が進んだ側面は否定できない。一方で近接比較が行われず，とくに共産党独裁体制研究がさほど発展しなかったのも事実である。そのためか，「競争的権威主義体制」や「選挙権威主義体制」で得られた知見を共産党独裁体制に「安易に」適用するケースもみられた[11]。もちろん，先行研究の知見や理論を他の独裁体制で検証することは

重要な作業である。しかし知見の適用可能性を検討するのではなく安易に適用することは，共産党独裁体制の独自性を覆い隠す危険性を孕んでいる。

　Dimitrov（2013）は同様の問題意識から，共産党独裁体制の崩壊と持続のメカニズムを分析した。ディミトロフ（Martin K. Dimitrov）によると，現存する共産主義体制は経済改革により経済発展を遂げ，その過程で生まれる潜在的挑戦者（改革の勝者と敗者）を包摂し，またイデオロギーを修正し一定のアカウンタビリティを果たすことで体制を維持してきた。つまり状況に柔軟に適応したことで強靱性（resilience）を保ってきたのである。現存する体制と崩壊した体制を比較分析し，共産党独裁体制が持続するメカニズムの一端を明らかにした同書の功績は大きい。しかし裏を返せば，それは共産党独裁体制というサブカテゴリー内分析であり体制横断的なものではない。ただし，ディミトロフは独裁体制全体の共通性とサブカテゴリーの独自性の問題に自覚的であり，宇山（2014）と同様の問題意識を有していることは付言しておこう[12]。

　先述のように本書でとりあげる中国，ラオス，ベトナムの3カ国とカンボジアは，単一政党体制という同じ特徴を有していても，別のサブカテゴリーに分類される。しかし4カ国は競争的選挙や複数政党制の有無，またイデオロギーのちがいはあれ，高度な類似性を有している。それは党と国家の融合性である。

　もともと4カ国の政治体制の起源はレーニン主義的な党＝国家体制にある。党＝国家体制とは，「単一支配政党が重要諸政策を排他的に決定し，その政策が国家機関にとって直ちに無条件に義務的となり，かつ党組織と国家機関が機能的にも実体的にもかなりの程度オーヴァーラップしている」（塩川1993, 36）体制を指す。その特徴は「内部統制・外部統制・人事権の独占」にまとめられる（渡辺1995, 231-232）。すなわち，行政機関内に設置された党組織がその内部から，各行政級に設置された党組織が外部から国家を指揮・命令し，また党が人事権を独占することで党員が国家の要職を兼任し行政機関を統制することである（渡辺1995, 231-232）。軍や警察も党の統制下

におかれる。中国，ラオス，ベトナムは今日でもこのような特徴を有する党＝国家体制である。

　一方カンボジア人民党は，パリ和平協定締結直前の1991年にマルクス・レーニン主義と党による国家への指導性を放棄した（山田 2011, 71-72）[13]。しかし1993年にカンボジアが民主化して以降も，人民党は「内部統制」や「人事権の独占」という党＝国家体制の特徴を有し，民主集中制を党の指導原理として維持している[14]。軍，警察，司法機関も人民党統制下にある。山田裕史は，人民党が1991年にマルクス・レーニン主義や党の国家への指導性を放棄して以降も地方を中心に党と国家の一体性を今日まで継承し，1990年代後半以降は中央においても党の国家化が強化され，2003年から2013年にかけて人民党の「国家政党化」が進展したと指摘する[15]。「国家政党」とは一党支配型権威主義体制における「『国家と密接に結びついて社会を支配・制御する組織』」であり，「国家（あるいは支配政治エリート集団）の道具として従属的」な地位にある（岸川 1996, 254; 山田 2011, 107）。これは「組織・人員・財政支出において，行政機構のリソースを排他的に利用し，行政機構との区別がつかなくなった政党」，すなわち「政府党」ともいえるだろう（藤原 1994, 232）。術語は異なるが政府と党が密接に結びつき非民主的体制が安定を維持している点で共通している（立花 2008, 4）。

　もちろん党＝国家体制は，「国家政党」や政府党が政権を握る「政府党体制」とは異なる。前者は党が国家を指導し国家は党に従属するが，後者ではその関係が逆転する。つまり党＝国家体制では指導のベクトルが党から国家に向かうのに対し，国家政党や政府党体制ではそのベクトルが国家から支配政党に向かうことになる。そして1991年以降のカンボジア人民党は，党と国家の結びつきを維持・強化しながら前者から後者への転換を図った。

　しかし藤原がいうように，党＝国家体制であっても時期により党と国家の関係が逆転し，かぎりなく「政府党体制」に近づくことがある（藤原 1994, 240）。そうであればその逆も然りだろう。事実，2000年代後半のカンボジアでは人民党が党組織と党員を大幅に拡大し，民主集中制に基づき党の政策を

国家機関に反映させる側面もみられる（山田 2011，158）。つまり時期や状況によって指導のベクトルの向きが変化するため，党＝国家体制と「国家政党」や「政府党体制」の相違が曖昧になる場合がある。いずれにしろ重要な点は，本書でとりあげる 4 カ国は党と国家が高度に融合しその境界が曖昧な独裁体制だということである。

　4 カ国をこのようにとらえ直すことで，複数政党制と競争的選挙の有無で線引きすることなく，競争的独裁体制と共産党独裁体制の間を横断する視点を獲得できる。またそうすることで，体制の種類や政治制度に規定されずに独裁者の課題を設定し，それに応じた議会機能の分析が可能となる。もちろん政党を鍵としているため，党と国家の融合性という視点を政党が活用されない王制や軍制に適用することは難しい。しかしながら単一政党体制についてはサブカテゴリーを横断的に分析でき，本書のねらいもそこでの比較に定めている。また本書では事例を 4 カ国に絞っているが，このような視点であればロシアや旧ソ連諸国等の単一政党による独裁体制の多くを比較の俎上に載せることができよう[16]。

第 2 節　先行研究の整理――独裁体制下の議会――

　なぜ独裁者は民主的制度を活用するのだろうか。独裁体制を維持するうえで最も端的な手段は暴力や抑圧であろう。スボリック（Milan W. Svolik）が指摘するように，暴力や抑圧的手段は独裁者にとっていつでも行使できるオプションである（Svolik 2012，15）。ただしそのような恐怖政治では，体制への支持の度合いや人々の選好を把握することができず，逆に人々の間に不満を高める可能性がある（Wintrobe 1998）。また国家の恣意的介入が拡大し国民の財産を収奪する可能性が高まるため，人々の経済活動意欲を失わせ結果的に国家全体の経済活動が停滞する恐れがある。そして国民は体制に非協力的となり抵抗を試みるかもしれない（東島 2013，47）。つまり暴力の使用はコ

ストに比して必ずしも効果的ではないのである（Gandhi and Przeworski 2007, 1281; Gandhi 2008, 76-77）。東島は，独裁者は強権的支配と統治の効率性というジレンマを解消するために民主的制度を活用すると指摘する（東島2013, 47）。独裁体制下の民主的制度は単なる飾りではなく体制存続のための道具として機能し，独裁者が戦略的かつ選択的に活用する手段なのである（Gandhi 2008; Gandhi and Przeworski 2007）。では，議会は独裁体制の維持にどのような役割を果たすのだろうか。

　ガンディー（Jennifer Gandhi）によれば独裁者は統治上2つの問題に直面する。ひとつは体制への挑戦を阻止すること，もうひとつは体制外の協力を得ることである。体制への脅威は反体制派や国民等の体制外部だけでなく体制内エリートからも生じる。また政策を執行し国家の富を形成するためには一部の国民の協力は必要不可欠である（Gandhi 2008, xvii-xviii）。

　ガンディーは，この問題に対処するにはレントの分配だけでは不十分であり，議会や政党を通じた政策的譲歩が必要だと主張する。独裁者は議会や政党を通じて反対勢力の政治的選好を把握し，それに応じて政策的譲歩を行う。反対勢力にとっては限られた範囲であっても，議会や政党を通じて政策決定過程に影響を及ぼせるため体制に参加するインセンティブが生まれる。つまり議会は独裁者と反対勢力が互いの政治的選好を表出し，合意や譲歩を行う場として機能するのである。このような制度を通じて独裁者は反対勢力を体制に取り込む（co-opt）ことができる（Gandhi 2008, xvii-xxiv）。そして一部を取り込むことで反対勢力を分断させ，彼らが結束して体制に挑戦することを阻止する（Lust-Okar 2005）。また議会には議員を通じて体制の意向を国民に伝達する役割も期待され，デモ等の制度外で表出され得る人々の要求を制度内に吸収する効果もある（Gandhi 2008, 145, 182）。

　一方スボリックは，独裁体制下の議会は自由かつ競争的選挙ではないため，議員が社会の広範な利害を代表するわけでも，純粋な反体制派に議席を付与するわけでもないと主張する（Svolik 2012, 116-117）。スボリックは，1946年から2008年の間に1日でも存在した独裁者316人のうち，3分の2以上が

体制内部の人間によりその座を奪われていることを示し，大衆よりも体制内部からの脅威をより重視する（Svolik 2012, 4-5）。スボリックによると体制内部からの脅威を緩和するにはコミットメント問題の解決が不可欠である。独裁者がエリートの支持獲得のために権力分有やレントの分配を約束しても，エリートにとってはそれが長期に履行される保証はなくいつ反故にされるかわからない。独裁者は自身の約束に信用をもたせることができないのである。このようなコミットメント問題を解決する手段として議会などの制度が必要になる（Svolik 2012, 7-8）。たとえば議会や政治局などの協議や政策決定機関が制度化されていれば，透明性を確保し独裁者を監督することができる。そうすれば独裁者の行動が不信や誤解を招くことも少ない。また権力交代が制度化されていれば権力継承をめぐり不要な争いを招くこともないだろう[17]。

　以上からは，議会には反対勢力の取り込み・分断，コミットメント問題解決のための権力分有と監督機能があることがわかる。問題は，このような議会機能がすべての独裁体制に適用できるのか，またすべての独裁者が明示的/潜在的反対勢力の取り込み・分断のために議会を活用するのかどうかである。

　確かに，コミットメント問題の解決はどの独裁者にとっても重要であり，議会がその解決手段として機能すると考えられる。また議会が政策決定機関として政治権力を有しており，エリートが議会ポストに価値をみいだしている場合は，議会が反対勢力を取り込む手段として，またエリートへの権力分有手段として機能するだろう。しかし明示的な反対勢力がほぼ存在せず，または存在しても排除の対象となり，議会に実質的な政策決定権やその他政治権力が備わっておらず，エリートも議会ポストに価値をみいだしていない場合はどうだろうか。つまり本書でとりあげる4カ国のように，議会が政治権力でも政治ポストにおいても二次的な存在である独裁体制では[18]，取り込み・分断や権力分有が機能しないか，または機能が異なる可能性がある。さらに，独裁者が脅威緩和以外の目的を達成しようとすれば，議会機能は自ずと異なるだろう。

Wright（2008, 322）は，これまでの先行研究は「議会や政党等の制度がすべての種類の権威主義体制において同じ目的を果たすと仮定している」と批判し，体制のタイプによって制度の機能にちがいがあると指摘している。そして共産党独裁体制研究からは，議会には取り込み・分断，権力分有以外の機能があると指摘されるようになった。たとえば加茂（2013）は，中国江蘇省揚州市の人民代表大会を事例に，人民代表大会代表が党や政府の政策を選挙区に伝える「代理者」，政策に必要な選挙区の状況を党や政府に伝える「諫言者」という役割に加えて，選挙区の要求を党や政府に伝える「代表者」としても機能することを示した。また拙稿（山田 2013）はラオスの事例から，経済開発に伴う国民の不満が拡大したことを背景に，ラオス人民革命党が選挙と国会を連関させ，議員や国会の制度を通じて民意を国会審議に反映させることで国民の不満を緩和していると論じた。

　久保（2013, 4-5）は，独裁者が体制の正当性を安定的に維持するには，適切な統治業務や政策の執行が必要であり，そのために議会が有用な手段となり得ると指摘する。議員が地元のニーズや不満を把握しその情報を独裁者に提供することで，独裁者は適切な政策を形成・執行できる。そうすれば国民の不満は緩和され支持を獲得することが可能となろう。したがって議会には体制への脅威緩和だけでなく，独裁者が正当性を維持・獲得するための機能もある。

　そして近年，この正当性の問題が権威主義体制研究で議論されるようになってきた。たとえば Köllner and Kailitz（2013）は，抑圧や取り込みが体制維持の主要な要素であることは認めつつも，これまでの先行研究が正当性や支配の正当化という問題をさほど重視してこなかったと批判する。Heydemann and Leenders（2013）は中東の事例から，Dimitorov（2013）は共産党独裁体制の事例から，環境の変化に対する柔軟な制度的適応とともに，独裁体制維持の重要な要素として正当性を挙げている。また Kane, Loy and Patapan（2011）は独裁体制に限らず，政治的正当性はアジア全体で指導者が直面する課題だと指摘する。Gilley（2009）は，ほとんどの支配者は国民から恐れ

られるよりも尊敬されることを望み，正当性が高いほど有効な統治を行え，体制が安定すると主張する。Chang, Chu and Welsh（2013, 150）が指摘するように，「すべての近代的政治体制の存続と効率的な機能は，大衆の黙認や支持に依存している」のである。

　本書でも，体制への脅威緩和とともに正当性が独裁体制の維持にとって重要だとの立場をとる。それは体制の種類に関係なくどの独裁者にとっても共通する重要課題である。そして久保（2013）が指摘するように，議会は正当性の維持・獲得にとって有効な手段になり得る。次節では，議会には正当性の維持・獲得のためにどのような機能が備わっているのかを考察し，そのうえで本書の分析枠組みを提示したい。

第3節　正当性と議会の役割——本書の分析枠組み——

1．正当性とは？

　おそらく，多くの読者は支配者にとって正当性（legitimacy）が重要であることは感覚的に理解できるだろう[19]。しかし正当性とは具体的に何かという点については明確でないと考えられる。正当性とは一体何だろうか。

　たとえばリプセット（Seymour Martin Lipset）は，正当性とは現在の政治制度が正しいという信念を生み出し，維持する体制の能力であり，国民が政治制度は自分たちの価値観と一致し正しいと評価する点で価値評価的なものだとする（Lipset 1959, 77）。アラガッパ（Muthia Alagappa）は政治的正当性（支配する権利）を，「支配者には命令を下す道徳的権利があるという被支配者の信念であり，そのような命令に従う人々の応答義務」（Alagappa 1995, 11）だと定義する。一方ギリー（Bruce Gilley）は，国家の正当性を合法性，正当化（justification）[20]，同意による政治権力の正しい保持と執行だとする（Gilley 2009, 16）。言い換えれば，国家は法律や規則にのっとって政治権力を獲得・

行使し（合法性），それが共有された規範や価値に基づいており（正当化），国家の支配権は正しいと市民が認識し同意することである（Gilley 2009, 3-79）。つまり正当性とは，支配者と被支配者の相互作用によって生み出され，支配者が正しいとする被支配者の信念であり内面によって支えられるものといえる（Alagappa 1995, 11, ; ウェーバー 1960, 551）。

　問題は被支配者のこのような信念が何によって生み出されるかである。Chang, Chu and Welsh（2013, 150）は，正当性の構成要素として(1)政府のパフォーマンス（国家経済状況，公共サービスへのアクセス，安全・犯罪管理，政府の応答），(2)グッドガバナンス（汚職管理，法治，水平的アカウンタビリティ，公平で平等な扱い），(3)民主的発展（自由，大衆的（選挙）アカウンタビリティ，政治的競争，民主的進展への大衆の支持），(4)価値とイデオロギー（政治的伝統，社会的伝統，ナショナリズム）の４点を挙げている。Gilley（2009）はより簡潔に，ガバナンス（アカウンタビリティ），民主主義/権利（参加），発展（福祉，豊かさ）の３点にまとめ，さらに端的にこれらの３つの要素はパフォーマンス（実績）だとする（Gilley 2009, 43）。

　具体的な制度や表現は異なるが，両者の主張は，以下の Alagappa（1995）が指摘する４つの正当性の要素にまとめることができる。

(1)共有された規範と価値
(2)権力獲得のための確立された規則への一致
(3)適切で効果的な権力の使用
(4)被支配者の合意

　第１の共有された規範と価値とは，信念体系やイデオロギーであり，政治体制や支配構造を決定する要因である（Alagappa 1995, 15）。第２の権力獲得のための確立された規則への一致とは，支配者が規則にのっとって権力を獲得したかどうかである。規則の制定には当然のことながら第１の共有された規範と価値が影響する（Alagappa 1995, 20）。たとえば，民主主義が共有され

た規範と価値であれば自由かつ競争的な選挙が支配確立のルールとなり，共産主義であれば一党独裁体制となろう。第3の適切で効果的な権力の使用には2つの側面がある。ひとつは，法律や暗黙のルールに沿った権力の使用，もうひとつは，共同体全体に利益をもたらすための効果的な権力の使用である（Alagappa 1995, 21）。前者は手続き的側面が強く，後者は経済発展や福利厚生等のパフォーマンスを意味する。第4の被支配者の合意とは，個人が自己を拘束し，支配者が命令を下す権利を認めることである。これには，積極的な忠誠や消極的な受け入れがあり，後者は長期化すると義務に転化する可能性がある。また恐怖や無関心は合意に含まれない（Alagappa 1995, 23-24）。

以上の4つの要素はそれぞれ独立したものではなく密接に結びついている。規範や価値によって政治制度やルールが決定し，手続きは権力の行使や政府のパフォーマンスに影響を与える。そして国民の同意はこれら3つに大きく左右される。4つすべてを満たしていればその体制は高度な正当性を有していることになる。しかしどれかひとつ欠けたからといって正当性がゼロになるわけではない。たとえば権力獲得が規則にのっとっていなくても，経済発展や汚職問題解決などその他の要素で補うことで正当性を維持できる。また国によってどの要素が重要視されるかは異なり，同じ国でも時代や経済・社会状況によって各要素の重要性は変化する。つまり正当性は複雑かつ動的で多様であり，正当か非正当かの二分法ではなく高いか低いか度合いの問題なのである（Alagappa 1995, 25）。

中国，ラオス，ベトナム，カンボジアの4カ国をみた場合，共産党独裁体制の3カ国では「形式的」でも共産主義イデオロギーが共有された規範と価値であり続け，それがいまだに制度やルールを形作っている[21]。また3カ国の場合は，権力はルールではなく革命での勝利によって獲得・確立されたことで正当とされる。社会の一部には「民主化」により価値やルールそのものを変えようという声はあるが，大きな運動にはなっておらず共産党もイデオロギーとそれに基づく制度は強固に維持している。そして場合によっては，3カ国の共産党は暴力や抑圧的手段の使用をいとわない。

図 序-2　4カ国のGDP成長率

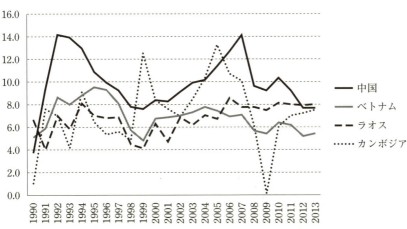

（出所）ADB, *Key Indicators for Asia and the Pacific 2009, 2014.* を基に作成。
（注）2013年のベトナムの数値は推計値。

　一方カンボジアでは1991年以降，民主主義が共有された規範と価値となり，複数政党制による競争的選挙が定期的に実施されている。したがって人民党にとって最も重要なことは選挙での勝利であり，それが人民党体制にとって最大の正当性となる。選挙での不正など問題も指摘されているが，国民と共有された規範やルールにのっとった権力獲得という点で人民党体制は正当性を有している。

　むしろ4カ国で正当性が低下しているのは，適切で効果的な権力の使用についてである。図序-2は1990年から2013年までの4カ国のGDP成長率を示している。国によってはアジア経済危機やリーマンショックの影響により落ち込む時期もあるが，4カ国はこの20年間おおむね良好な経済的パフォーマンスを維持してきた。経済成長という点では，権力は適切かつ効果的に使用されてきたといえる。

　しかし中国では1990年代に入り，政府や企業への非合法な集団抗議行動である「群体性事件」が頻発するようになった。その数は，1991年の約8700件から2005年には約8万7000件となり，2006年には9万件を超えた（角崎

2013, 211, 238（注1））。このような制度外での不満の表出は，経済成長に伴う経済格差の拡大や汚職の蔓延，また「適切な利益表出・参加制度の不全・不足」も理由だが（渡辺 2008, 18, 25），角崎は政治体制やそれに内包する政治制度にその根元を求める（角崎 2013）。群体性事件では民衆の不満が中央の共産党ではなく地方政府や幹部に向けられ，体制の危機が生じていない。その理由は政策決定の集権性と執行の分権制の併存にある。つまり政策決定権をもつ中央は民衆に配慮した政策を立てるが，地方幹部は昇進や権力保持のために中央から命じられた任務を民衆の利害に反しても達成しようとする。そして結果のみを求める地方の行為は中央からの逸脱ととらえられ，問題解決に介入する中央は国民の信頼を得るというのである。角崎によると，抗議が体制擁護的で矛先が地方に向けられるかぎりにおいて中央はそれを支持し，群体性事件は再生産される。そして中央が「善」として体制を維持し続けるには，民意を政策に反映させ続けなければならない。ただし角崎はまた，体制を長期かつ安定的に維持するには事件の増加を食い止める必要があるとも指摘する（角崎 2013）。つまり群体性事件は共産党中央にとって諸刃の剣なのである。

　ベトナムでも1997年に下級官僚の汚職によりタイビン省で農民の抗議行動が起き，2001年には中部で少数民族による抗議行動が発生した。国民からの苦情や告発も増加し，2003年には国会常務委員会に請願委員会が設置されている（Salomon 2007, 205）。ラオスでも経済格差や汚職問題，土地紛争の拡大により国民の不満が高まったことを受けて，国会に国民の不満を吸収するメカニズムを構築した。また直接的な抗議行動もみられるようになり，人民革命党はいっそう民意に配慮するようになった（山田 2013）。カンボジアも同様に経済開発や援助の拡大とともに汚職が悪化し，2000年に入ってからは土地紛争や労働争議が頻発するようになり政府は対応を迫られている。2013年に行われた総選挙で人民党が大幅に議席を失ったことは，国民の不満の表れでもある。

　4カ国の状況は，権力の行使が適切かつ効果的でなく，国民の不満が高ま

っていることを示している。したがって正当性を大きく低下させないためにも、4カ国の独裁者には政策立案や執行について国民の合意を得ることが求められている。ただ必ずしも4カ国の独裁者が民意を重視するとは限らない。正当性維持にとって何が重要になるかは、その国の政治的背景や独裁者が抱える課題によって異なるのである。

2．議会の役割

先述のように、久保（2013）は議会を通じて社会情報を収集し政策の作成・執行に生かすことで、統治の有効性が向上し国民の支持を獲得できると指摘した。つまり議会には、適切で効果的な権力の使用と国民の合意を得るための機能がある。そして近年、中国、ラオス、ベトナムのような独裁体制でも議会の存在は無視できなくなり、議会は単なる「ゴム印機関」ではなくなっている（加茂 2013; Abrami, Malesky and Zheng 2013; 山田 2013）。

Zheng, Fook and Hofmeister（2014, 5）は、政治体制の種類にかかわらず、アジアの政府にとって議会の重要性が高まっており、各国政府は議会機能を強化していると指摘する。その理由として、民主的装いを纏う必要性や多様化し増加する人々の要求や期待の吸収を挙げているが、最終的な目的は支配者が正当性を高め権力の座に長くとどまるためだと論じる。問題は議会のどのような機能が正当性の向上に寄与するかである。

Zheng, Fook and Hofmeister（2014, 3）は、中国、ラオス、ベトナム、カンボジアも加盟する列国議会同盟（Inter-Parliamentary Union）の定義に基づき、民主主義体制下の議会の特徴を以下の5点にまとめている。

(1)代表性
(2)透明性
(3)アクセス可能性
(4)アカウンタビリティ

(5)有効性

　つまり，議会が人々の多様性を代表し，メディア等を通じて国民に開かれ議会活動が透明であり，大衆が議会活動に参加し，選挙区に対して議員活動や実績についてアカウンタビリティを果たし，活動が効果的で立法や監督機能が国民の必要性に沿って果たされることである（Zheng, Fook and Hofmeister 2014, 3）。正当性の要素に照らし合わせてみれば，このような議会機能を果たすことで権力の使用は適切かつ効果的となり，国民の合意が得られるといえる。言い換えれば，独裁体制が議会を通じて正当性を維持・獲得しようとするならば，以上5つの機能の一部でも兼ね備えた議会の構築が求められるのである。そしてこのような特徴は独裁体制下の議会でも観察できる。

　たとえば前節でとりあげた加茂（2013）は中国の地方人民代表大会に代表

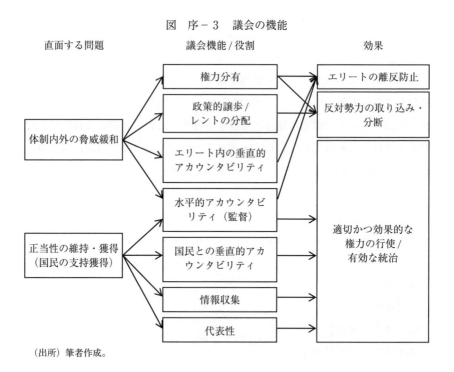

図　序-3　議会の機能

（出所）筆者作成。

機能があることを明らかにした。拙稿（2013）からはラオス国会に代表性，アクセス可能性，有効性があることがわかる。一方 Abrami, Malesky and Zheng（2013）は，ベトナム国会や中国の全人代には政府を監督する水平的アカウンタビリティがあり，ベトナムには支配エリート内部で競争的選挙が実施される垂直的アカウンタビリティもあると指摘する。また彼らはベトナムの国会選挙を事例に，国会議員が再選のために選挙区に戻り有権者の審判を受けることも垂直的アカウンタビリティだと主張する（Abrami, Malesky and Zheng 2013）。ただし後者については，ベトナムの選挙は非競争的であり自由に立候補できる選挙制度ではなく，議員は実績によって有権者の審判を受けるわけではないため，垂直的アカウンタビリティというには留保が必要である。いずれにしろ，独裁体制でも民主主義体制下の議会にみられる特徴がみいだせる。

　これまでの議論をまとめて，独裁体制下の議会機能を改めて脅威の緩和と正当性の維持・獲得（国民の支持獲得）という観点から整理すると図序-3のようになる。独裁者が体制を維持するためには，少なくとも脅威の緩和と正当性の維持・獲得（国民の支持獲得）という2つの課題に対応しなければならない[22]。そして議会には問題解決のための多様な機能が備わっている。脅威を緩和するためには，議会を通じた権力分有，政策的譲歩・レントの分配，指導層内部の垂直的アカウンタビリティ，水平的アカウンタビリティ（監督）が活用されるだろう。一方正当性の維持・獲得には，水平的アカウンタビリティ（監督），国民との垂直的アカウンタビリティ，情報収集，代表性という機能が有効となろう。以上の機能を通じて得られる効果は，エリートの離反防止，反対勢力の取り込み・分断，適切かつ効果的な権力の行使/有効な統治である。

　このように議会には体制への脅威を緩和するだけでなく，正当性を維持・向上させる機能が備わっている。そして4カ国の独裁者は，それぞれが直面する課題に応じて議会を活用し，脅威の緩和や正当性の維持をめざすのである。もちろん活用する議会機能はひとつではなく，実際には複数が組み合わ

される。しかし各章ではそのすべてを分析しているわけではない。各執筆者が重要と考える独裁者の課題とそれに対応する議会機能に絞って論じている。そして各章からは，独裁体制下の議会が正当性の維持・獲得に寄与していることが示されよう。

第4節　各章の概要

　第1章（諏訪論文）は，中国の全国人民代表大会常務委員会を事例に，共産党が立法過程に民意（非党員や政策決定過程にアクセスできない党員の意見や願望）をどのように取り込んでいるのかを明らかにしている。人民代表大会の役割は党の意志を国家の意志に体現することであり，それは現在でも変わっていない。しかし1990年代に入ると市場経済化にともなって社会の流動性が高まり，共産党が旧来の手法では管理できない非国家組織や個人が誕生する。また同時期から群体性事件のような集団抗議行動も目立ち始め，2000年代を通じて増加する。支配の正当性をアプリオリにとらえていた共産党は危機感を強め，人民代表大会改革を通じて民意を政策に反映させ統治の有効性を高めようとした。つまり党の意志に国民の意志を加える必要性が高まったのである。立法過程への民意取り込み過程は大きく2通りある。ひとつは立法5カ年計画段階，もうひとつは法律制定段階である。前者ではおもに専門家や学者らの意見を聴取し，後者ではインターネットを通じたパブリックコメントの募集や国民との対面式の意見交換を通じて大衆の意見を取り込んでいる。また，共産党は法案への国民の関心の高さによってコメントの募集方法を変更し，柔軟に対応している。そして計画や法案内容は民意募集後に一部修正される。実際に個々の意見がどのように反映されたかを国民にフィードバックする制度はないものの，共産党は立法過程に民意を取り込むことで統治の有効性を高めようとしているのである。

　第2章（山田紀彦論文）は，ラオスを事例にアカウンタビリティ問題をと

りあげている。これまでラオスの国会は中国と同様に国民の選好を把握することに重点をおき、国民への応答はさほど重視してこなかった。ところが国民はインプットに対する応答がないことに徐々に不満を募らせるようになり、人民革命党は国会を通じたアウトプットメカニズムを整備し始めた。国会へのインプットには不服申立て制度とホットラインのふたつがある。前者は行政や司法への不服を国会に申立てること、後者は会期中にかぎり電話などを通じて国会に対して自由に意見を伝える制度である。不服申立てに対しては、国会が地方と中央の2段階で行政や司法機関の判断を検査し、場合によっては審議見直しを指示する。国会が具体的な問題解決を行うことはないものの、行政や司法の決定を覆す権限が付与されているのである。ホットラインに対しては、国会が国民と国家機関の間に入り問題解決の媒介機能を果たし、メディアを通じて対応方法や結果を国民に伝達するようになった。ラオスの事例からは、独裁体制下の議会にも多様なアカウンタビリティ機能が備わっていることがわかる。

　第3章（石塚論文）は、国会の制度や活動が変化してきた過程とその政治的背景を丹念に分析することで、近年のベトナム国会が共産党内の対立や分裂を解決する場として機能していることを明らかにしている。これは、これまでの体制維持と制度のメカニズム分析からは十分理解できなかった点である。ベトナム共産党はドイモイ期に入り、党に対する国民の信頼低下とリーダーシップの危機という2つの大きな課題に直面した。前者に対しては国会に多様な意見を反映させ、立法権や行政への監察権を強化し、一定程度国会の自律性を高めることで対応した。しかし2000年代後半以降、党指導部の世代交代に伴うリーダーシップの危機が顕著になると、国会は次第に指導部内の意見や利害対立を「民主的」に解決する場として機能するようになる。党内で解決できない問題が国会の場に持ち込まれるようになったのである。たとえば国会での南北高速鉄道計画の否決や国家幹部への信任投票は、そのような国会の新たな政治的機能を顕著に表している。つまりベトナム国会は党指導部内の機能不全を補い、「結果として」体制維持に寄与しているのであ

る。これは他の3カ国ではみられない国会機能といえる。また国会での政治過程がメディアを通じて国民の目に触れることで，副次的に国民へのアカウンタビリティを果たす効果もみてとれる。

　第4章（山田裕史論文）は，カンボジアを事例に人民党が議会を通じて反対勢力の取り込み・分断と弱体化を繰り返し，どのように自身に有利な政治環境を構築してきたかその過程を検証し，議会を通じた対野党工作の成否が選挙に重要な影響を及ぼすことを明らかにしている。カンボジアは1993年の民主化以降，民主主義が共有された規範や価値となり，国際的にも競争的選挙を定期的に実施することが援助の大前提となっている。したがって人民党にとって選挙で勝利することが最も重要であり，選挙での勝利が支配の正当性の源泉となる。一方，議会は二次的な存在として国民からも研究者からも注目を集めることはなかった。しかし山田は，議会は人民党にとって選挙戦略の一環として重要な役割を果たしていると指摘する。人民党は第3期国民議会（2003～2008年）において，委員会ポストの分配や内規の改正を繰り返すことで，野党の取り込み・分断を行い反対勢力の弱体化を図った。そして第4期国民議会議員選挙では単独で憲法改正と議員特権剥奪が可能となる3分の2以上の議席を獲得する大勝利を収めた。しかし第4期国民議会（2008～2013年）では，同じように取り込み・分断工作を行ったものの，最大の脅威となり得る野党の取り込みを行わなかったため野党間の合併を許した。そして結果的には，合併した新政党が反人民党票の受け皿となり，人民党は議席を大幅に減らす結果となったのである。第4章では，二次的な存在とみられていた議会が体制維持の一手段として活用されていること，また反対勢力の取り込み・分断の成否が選挙結果に大きなちがいをもたらす要因になっていることが示される。

　終章では各章の議論が整理される。各章からは，独裁者が課題や目的に応じて議会を活用しながら正当性の維持・獲得に努めていること，また党内の機能不全を議会が補いそれが結果として体制維持に貢献していることが明らかになる。ただし，議会の活用方法や機能は各国の政治制度や独裁者が直面

する課題によって異なり，必ずしも各国で一致しない。また議会が同じ機能を果たすとしても，政治的背景のちがいによってその意味や位置づけも異なる。各章を通じて，独裁体制下の議会には多様な機能や意味が備わっていることがみてとれるだろう。そして全体を通じては，複数政党制や競争的選挙に囚われず，独裁者が直面する課題についても明示的／潜在的反対勢力の脅威だけでなく正当性という概念を加えることで，サブカテゴリー間を横断する比較分析が可能なことが示される。

　近年の権威主義体制研究の発展は目覚ましく，独裁体制が持続するメカニズムの解明が進んできた。その一方でまだ分析の余地が残っている分野や研究が進んでいない国もある。また研究が進んだがゆえに新たな課題も生まれている。本書はそのような課題のいくつかに取り組み，権威主義体制研究の発展に寄与することをめざしている。改めて本書が取り組んだ課題をまとめるとおもに3つある。第1は，独裁体制の維持と正当性の関係を分析すること，第2は，議会をその分析軸とし独裁体制下の議会機能の多様性を示すこと，そして第3は中国，ラオス，ベトナム，カンボジアの4カ国を党と国家が高度に融合した独裁体制ととらえ直すことで，サブカテゴリー間を横断する比較分析を行うことである。これは挑戦的な試みであり本書一冊で扱うには大きすぎる課題であろう。とはいえ各章からは第1と第2の課題に，そして本書全体を通じて第3の課題には一定の回答を示せたと考えている。

〔注〕
（1）　Köllner and Kailitz（2013）の数値はフリーダムハウスの *Freedom in the World 2012* に基づいている（Freedom House 2013）。フリーダムハウスとは世界の民主化と自由化を目指すアメリカの非営利団体であり，各国の自由度を1～7の指標で表し（1～2.5が自由，3.0～5.0が部分的自由，5.5～7.0が非自由），毎年発表している。2012年報告書では非自由と認定されたのが195政体のうち48カ国（24％）であり，そのような体制下に暮らす人々が約24億人（35％）となっている。Köllner and Kailitz（2013）はこの数値を基に世界の国民国家や領域の4分の1，人口の約3分の1が独裁体制下にあると判断している。

(2) 「独裁者」という場合は独裁体制下の政治指導者個人とともに，政党等の支配者集団を含めて使用することとする．
(3) たとえば Magaloni（2006, 19），Ezrow and Frantz（2011, 55），Rose, Mishler and Munro（2011, 1-5），Dimitrov（2013, 5）などを参照．
(4) 正当性（legitimacy）については第 3 節で説明している．
(5) たとえば Truex（2013）は中国の第11期全国人民代表大会を事例に，取り込み理論を検証するために全人代でのレント分配機能とその内容を分析した．トゥルークス（Rory Truex）は，代表2987人のうち50人が上場企業の CEO であることを確認し，それらの企業が代表ポスト獲得以前と以後でどう変化したかを分析した．それによると株価の上昇などとともに，ポストを保持していることで企業の評判が高まり，投資家やビジネスパートナーへの肯定的なメッセージとなり企業の利益を向上させる効果があったという（Truex 2013）．また Malesky and Schuler（2010）は，ベトナム国会を事例に，体制に批判的な地方ノミネートの専従議員の存在などを根拠に「取り込み」が行われていると指摘している．
(6) たとえば Case（2011）はカンボジアを「選挙権威主義体制」ととらえている．「選挙権威主義体制」とは定期的かつ競争的な複数政党選挙が実施されるものの，自由や公平といった自由民主主義の原理が侵される体制である（Schedler 2006, 3）．一方 Levitsky and Way（2010）はカンボジアを「競争的権威主義体制」ととらえている．「競争的権威主義体制」とは「公式の民主的制度が存在し権力獲得の主要な手段として認識される一方，現職が著しく優位に立てる文民体制」と定義されている（Levitsky and Way 2010, 5）．「選挙権威主義体制」とのちがいは，「競争的権威主義体制」はより限定的でありヘゲモニー体制は含まず，反対勢力が民主的制度を活用し権力獲得のために真に争うことができる点にある（Levitsky and Way 2010, 15-16）．
(7) かつてリンス（Juan Linz）は非民主主義体制を権威主義体制と全体主義体制に区別し（リンス 1995），権威主義体制を非民主主義体制の下位分類に位置づけていた．しかし近年の比較政治学では非民主主義体制の総称として独裁体制と権威主義体制の 2 つの用語が同義として使用されるようになっている．たとえばスボリックは，(1)自由かつ競争的な議会選挙があるか，(2)執政府の長が自由かつ競争的大統領選挙で選出されるか，または議会制度によって間接的に選出されるか，いずれかひとつの条件を満たさない政治体制を独裁体制や権威主義体制とし，2 つの用語を互換可能な用語として使用している（Svolik 2012, 22-23）．本書でも Svolik（2012）にならい 2 つの用語を非民主主義体制の総称として同義に使用する．そのため各章では文脈によって 2 つの用語が併用されている場合がある．
(8) POLITY IV は，1800年から2013年までの人口50万人以上の独立国家の政治

体制を対象に21段階でスコアを付け，-10~-6を独裁体制，-5~5を中間体制，6~10を民主主義体制に分類している（Marshall, Gurr and Jaggers 2014）。
⑼　ここでは Geddes（1999）にならい，単一政党による独裁体制といった場合，優位政党体制も含むものとする。
⑽　「選挙権威主義体制」や「競争的権威主義体制」については注⑹を参照されたい。
⑾　たとえば Malesky and Schuler（2010）である。彼らはベトナムの国会を事例に，議員の属性と国会での質問内容の相関関係を分析し，共産党管理下で地方ノミネートの専従議員が増え，その専従議員が積極的に政府批判を行い，地方問題をとりあげることをもって，ベトナムでも「取り込み理論」（cooptation）と同様の行動が観察できると結論づけた。しかしベトナムの国会議員の90％以上は党員であり，非党員であっても党の意向に反する人物は候補となれない選挙制度である（Malesky and Schuler 2010, 493）。そうであれば国会議員には「真の」反体制派はいないことになる。マレスキー（Edmund Malesky）・シューラー（Paul Schuler）は，Gandhi（2008）などの先行研究で指摘されてきた明示的／潜在的反対勢力という取り込み対象を拡大解釈し，政権中枢以外のグループに政策決定過程における発言権を付与することを取り込みとしている。また，仮に地方ノミネートの専従議員が潜在的な脅威だとしても，発言権の付与をもって取り込みといえるかどうか疑問である。マレスキー・シューラーも認めるように，給与が低く予算配分に対してほとんど権限をもたない国会は，レント分配手段としては機能しないだろう（Malesky and Schuler 2010, 484）。したがって，権威主義体制研究で一般的に考えられる「取り込み」理論をベトナム国会に適用するには，一定の留保が必要だといえる。
⑿　ディミトロフは自身の主張が独裁体制全体に適用できるかどうかを検討し，非選挙型一党支配体制（nonelectoral single-party authoritarian regime）には適用できるかもしれないと述べている（Dimitrov 2013, 311-312）。
⒀　カンボジアの内戦問題を解決するために1991年10月23日にパリにて調印された和平協定であり，人民党と3派連合政府（ポル・ポト派，FUNCINPEC，クメール人民民族解放戦線）と関係参加国18カ国によって調印された（山田 2011, 79）。
⒁　民主集中制とは，序列やポジションに関係なく，党内で民主的な議論を行い政策決定などの物事を決めるが，一度決定が下されれば個人は組織に，少数は多数に，下級は上級に，全党組織は党中央の決定に従うという統治原理である。
⒂　山田（2011, 150），2014年11月10日に開催した研究会での山田裕史による

(16) たとえば大串（2007）は統一ロシアが中心的役割を果たすロシアの政治体制を政府党体制の一種とし，立花（2008）は与党新アゼルバイジャン党を中心とするアゼルバイジャンの政治体制の外観は政府党体制に近いと指摘している。

(17) ただし，スボリックは制度がコミットメント問題の解決に資するのは，独裁者がルールを逸脱した際に体制内エリートが独裁者を解任できる権力を有している場合だとする（Svolik 2012, 85-117）。

(18) 政府党体制においても政党が行政機構と一体化しているがために「議会機能がバイパスされ」（藤原 1994, 238-239）るという点で議会は二次的存在である。

(19) 本書では legitimacy の訳を正当性に統一している。『岩波哲学・思想事典』によると成員が恐怖や強制ではなく，集団の秩序や支配が正当に設立されたという信念に基づいてそれに服従するとき，「この信念の根拠となるものを秩序や支配の『正当性』と呼ぶ」（中野 1998, 920-921）。つまり Alagappa（1995）の定義と同様に支配者と被支配者の相互作用のうえに成り立つ概念を「正当性」とするのである。

(20) これは正当性（legitimacy）とは異なる概念である。『岩波哲学・思想事典』によると正当化（justification）とは，「信念や行為が一定の評価基準に照らして『正しい』こと，すなわち，適切かつ十分な理由や証拠に基づいて妥当であること，またそれを示す過程を意味する」（野家 1998, 920-921）。

(21) 中国，ラオス，ベトナムでは，共産主義イデオロギーが実質的には国民と共有された規範や価値ではなくなりつつある。しかし3カ国の共産党は，時代や状況にあわせてイデオロギーや政治理論内容を修正し，イデオロギーによる支配の正当化を続け，社会にイデオロギーによる政治言説空間を構築している。その意味では，共産主義イデオロギーは共有された規範であり価値として機能しているということができよう。

(22) もちろん独裁者が体制を維持するうえで直面する課題は脅威緩和と正当性の維持に限定されない。

〔参考文献〕

<日本語文献>

ウェーバー，マックス 1960. 世良晃志郎訳『支配の社会学 I』創文社．(Weber, Max. "Kapitel IX. Soziologie und Herrshacft, 8. Abschnitt. Die nichtlegitime Herrschaft（Typologie der Stadte）" In *Wirtschaft und Gesellschaft, Grundriss der verstehenden Soziologie*, vierte, neu herausgegebene Auflage, besorgt von Johannes Winckelman, Tübingen: Mohr, 1956.（S. 735～822）の翻訳）．

宇山智彦 2014.「権威主義体制論の新展開に向けて——旧ソ連地域研究からの視角——」日本比較政治学会編『体制転換/非転換の比較政治』ミネルヴァ書房 1-25.

大串敦 2007.「政府党体制の制度化—『統一ロシア』党の発展」『体制転換後のロシア内政の展開』(「スラブ・ユーラシア学の構築」研究報告書 第22号) 北海道スラブ研究センター 15-22.

角崎信也 2013.「中国の政治体制と『群体性事件』」鈴木隆・田中周編『転換期中国の政治と社会集団』国際書院 209-245.

加茂具樹 2013.「現代中国における民意機関の政治的役割——代理者, 諫言者, 代表者。そして共演。——」『アジア経済』54(4) 12月 11-46.

岸川毅 1996.「政党型権威主義体制と民主化」白鳥令・砂田一郎編『現代政党の理論』東海大学出版 253-289.

久保慶一 2013.「権威主義体制における議会と選挙の役割」(特集にあたって)『アジア経済』54(4) 12月 2-10.

久保慶一・河野勝 2013.「歴史的転換点に立つ民主化研究」久保慶一・河野勝編 田中愛治監修『民主化と選挙の比較政治学——変革期の制度形成とその帰結——』勁草書房 1-16.

塩川伸明 1993.『終焉の中のソ連史』朝日新聞社.

関能徳 2009.「選挙権威主義体制の持続と崩壊の論理——経験的検証——」河野勝編 田中愛治監修『期待, 制度, グローバル社会』勁草書房 163-198.

立花優 2008.「新アゼルバイジャン党と政治体制」『アジア経済』49(7) 7月 2-20.

東島雅昌 2013.「権威主義体制における選挙景気循環——グローバル・データを用いた実証分析——」久保慶一・河野勝編, 田中愛治監修『民主化と選挙の比較政治学——変革期の制度形成とその帰結——』勁草書房 41-71.

中野敏男 1998.「正当性」廣松渉ほか編『岩波哲学・思想事典』920-921.

野家啓一 1998.「正当化」廣松渉ほか編『岩波哲学・思想事典』920.

藤原帰一 1994.「政府党と在野党——東南アジアにおける政府党体制——」萩原宣之編『民主化と経済発展』東京大学出版 229-269.

山田裕史 2011.「ポル・ポト政権後のカンボジアにおける国家建設——人民党支配体制の確立と変容——」博士論文 上智大学大学院外国語学研究科.

山田紀彦 2013.「ラオス人民革命党の体制持続メカニズム——国会と選挙を通じた国民の包摂過程——」『アジア経済』54(4) 12月 47-84.

リンス, J. 1995 睦月規子ほか訳 高橋進監訳『全体主義体制と権威主義体制』法律文化社.

渡辺剛 1995.「レーニスト体制と疑似レーニスト体制の比較政治――中国本土と台湾における党政関係を中心として――」『筑波法政』18(2)　3月　229-251.
―― 2008.「調和社会と都市部における『群体制事件』」佐々木智弘編『現代中国の政治的安定』アジア経済研究所　13-32.

＜英語文献＞
Abrami, Regina, Edmund Malesky and Yu Zheng. 2013. "Vietnam through Cinese Eyes: Divergent Accountability in Single-Party Regimes." In *Why Communism Did Not Collapse: Understanding Authoritarian Regime Resilience in Asia and Europe*, ed. by Martin K. Dimitrov. New York: Cambridge University Press.
ADB (Asian Development Bank) 2009. "Key Indicators for Asia and the Pacific 2009." (http://www.adb.org/publications/key-indicators-asia-and-pacific-2009), 2014年6月6日アクセス.
――2014. "Key Indicators for Asia and the Pacific 2014." (http://www.adb.org/publications/key-indicators-asia-and-pacific-2014), 2015年1月19日アクセス.
Alagappa, Muthia. 1995. "Introduction." In *Political Legitimacy in Southeast Asia: The Quest for Moral Authority*, ed. by Muthia Alagappa. Stanford, California: Stanford University Press, 1-8.
Boix, Carles and Milan W. Svolik. 2013. "The Foundations of Limited Authoritarian Government: Institutions, Commitment, and Power-Sharing in Dictatorship." *The Journal of Politics* 75(2) Apr.: 300-316.
Case, William. 2011. *Executive Accountability in Southeast Asia: The Role of Legislatures in New Democracies and Under Electoral Authoritarianism*. Honolulu: East-West Center.
Chang, Alex, Yun-han Chu, and Bridget Welsh. 2013. "Southeast Asia: Sources of Regime Support." *Journal of Democracy* 24(2) Apr.: 150-164.
Cheibub, José Antonio, Jennifer Gandhi, and James Raymond Vreeland. 2010. "Democracy and Dictatorship Revisited." *Public Choice* 143(1/2) Apr.: 67-101.
Dimitrov, Martin K. 2013. "Understanding Communist Collapse and Resilience." In *Why Communism Did Not Collapse: Understanding Authoritarian Regime Resilience in Asia and Europe*, ed. by Martin K. Dimitrov, New York: Cambridge University Press, 3-39.
Ezrow, Natasha M. and Erica Frantz. 2011. *Dictators and Dictatorships: Understanding Authoritarian Regimes and their Leaders*. New York: Continuum.
Freedom House. 2013. "Freedom in the World 2012." (https://freedomhouse.org/report/freedom-world-2012/essay-arab-uprisings-and-their-global-repercussions). 2015年1月16日アクセス.

―――― 2014. "Freedom in the World 2013." (www.freedomhouse.org/report/freedom-world/freedom-world-2014) 2014年6月6日アクセス.
Geddes, Barbara. 1999. "What Do We Know about Democratization after Twenty Years?." *Annual Review of Political Science* 2: 115-144.
Gandhi, Jennifer and Adam Przeworski. 2007. "Authoritarian Institutions and the Survival of Autocrats." *Comparative Political Studies* 40(11) November: 1279-1301.
Gandhi, Jennifer and Ellen Lust-Okar. 2009. "Elections under Authoritarianism." *Annual Review of Political Science* 12: 403-422.
Gandhi, Jennifer. 2008. *Political Institutions under Dictatorship*. New York: Cambridge University Press.
Gerschewski, Johannes. 2013. "The Three Pillars of Stability: Legitimation, Repression, and Co-optation in Autocratic Regimes." *Democratization* 20(1): 13-38.
Gilley, Bruce 2009. *The Right to Rule: How States Win and Lose Legitimacy*. New York: Columbia University Press.
Heydemann, Steven and Reinoud Leenders. 2013. "Authoritarian Governance in Syria and Iran: Challenged, Reconfiguring, and Resilient." In *Middle East Authoritarianisms: Governance, Contestation, and Regime Resilience in Syria and Iran*, ed. by Steven Heydemann and Reinoud Leenders. Stanford, California: Stanford University Press, 1-31.
Howard, Marc Morje, and Philip G. Roessler. 2006. "Liberalizing Electoral Outocomes in Competitive Authoritarian Regimes." *American Journal of Political Science* 50(2) Apr.: 365-381.
Kane, John, Hui-Chieh Loy and Haig Patapan. 2011. "Introduction," In *Political Legitimacy in Asia: New Leadership Challenges*, ed. by John Kane, Hui-Chieh Loy and Haig Patapan. New York: Palgrave Macmillan, 1 -16.
Köllner, Patrick and Steffen Kailitz. 2013. "Comparing Autocracies: Theoretical Issues and Empirical Analyses." *Democratization* 20(1): 1-12.
Levitsky, Steven and Lucan A. Way. 2010. *Competitive Authoritarianism: Hybrid Regimes after the Cold War*. Cambridge: Cambridge University Press.
Lipset, Seymour Martin. 1959. *Political Man: The Social Bases of Politics*. New York: Doubleday & Company, Inc.（内山秀夫訳『政治のなかの人間――ポリティカル・マン――』東京創元新社　1963年).
Lust-Okar, Ellen. 2005. *Structuring Conflict in the Arab World: Incumbents, Opponents, and Institutions*. Cambridge: Cambridge University Press.
Magaloni, Beatriz. 2006. *Voting for Autocracy: Hegemonic Party Survival and Its Demise in Mexico*. New York: Cambridge University Press.

Malesky, Edmund and Paul Schuler. 2010. "Nodding or Needling: Analyzing Delegate Responsiveness in an Authoritarian Parliament." *American Political Science Review* 104(3) Aug.: 482–502.

Marshall, Monty G., Ted Robert Gurr and Keith Jaggers. 2014. *"POLITY IV Project: Political Regime Characteristics and Transitions, 1800–2013."* Vennna, Virginia: Center for Systemic Peace.

Przeworski, Adam, et al. 2000. *Democracy and Development: Political Institutions and Well-Being in the World, 1950–1990.* Cambridge: Cambridge University Press.

Rose, Richard, William Mishler and Neil Munro. 2011. *Popular Support for an Undemocratic Regime: The Changing Views of Russians.* Cambridge: Cambridge University Press.

Salomon, Matthieu. 2007. "Power and Representation at the Vietnamese National Assembly: The Scope and Limits of Political Doi Moi," In *Vietnam's New Order: International Perspectives on the State and Reform in Vietnam.* ed. by Stephanie Balme and Mark Sidel. New York: Palgrave Macmillan, 198–216.

Schedler, Andreas. 2006. "The Logic of Electoral Authoritarianism." In *Electoral Authoritarianism: The Dynamics of Unfree Competition.* ed. by Andreas Schedler. Boulder: Lynne Rinner Publishers, 1–23.

Svolik, Milan W. 2012. *The Politics of Authoritarian Rule.* New York: Cambridge University Press.

Truex, Rory. 2013. *The Returns to Office in a "Rubber Stamp" Parliament.* (RCCPB Working Paper, no. 33, June 2013) Bloomington: Research Center for Chinese Politics and Business, Indiana University.

Wintrobe, Ronald. 1998. *The Political Economy of Dictatorship.* Cambridge: Cambridge University Press.

Wright, Joseph. 2008. "Do Authoritarian Institutions Constrain? How Legislatures Affect Economic Growth and Investment." *American Journal of Political Science* 52(2) April: 322–343.

Zheng, Yongniam, Lye Liang Fook and Wilhem Hofmeister. 2014. "Introduction: Parliaments in Asia: Institution Building and Political Development." In *Parliaments in Asia: Institution Building and Political Development*, ed. by Zheng Yongnian, Lye Liang Fook and Wilhem Hofmeister, London: Routledge, 1–12.

第1章

全国人民代表大会常務委員会と
中国共産党指導体制の維持

—— 法律制定過程における党と議会,そして大衆 ——

諏訪 一幸

はじめに

　中国の改革開放路線は,1950年代後半から約20年間続いた毛沢東独裁時代を断罪した,1981年6月の中国共産党(以下,共産党,党とも略称)第11期中央委員会第6回全体会議(11期6中全会)以降本格化する。この時の路線変更は,党がそれまで当然視していた社会主義理念や価値観の修正をも求めていくという点で,きわめてドラスティックなものだった。然るに,1980年代の党は,支配の正当性をあたかもアプリオリなものと認識しているかの如くであった。したがって,11期6中全会で毛沢東独裁に対する批判を行ったにもかかわらず,党指導部には民意に従い,また,民意を取り込みつつ改革を推進するという意識が依然として欠けていた。その統治スタイルは,党内外を問わず,各組織内(党)指導部の排他的指導や党組織部系統による人事管理など,総じて古典的かつ硬直的なものだったのである。
　ところが,1990年代に入ると,市場経済にお墨付きが与えられたことで,企業経営形態の多様化という大きなうねりが起こる。さらに,開放政策の進展を背景とする国際交流の拡大もあり,旧来の手法では管理しきれない非国家組織(小規模私営企業などの「新経済組織」とNGOなどの「新社会組織」)や

個人が誕生し，拡大していく。「群体性事件」と呼ばれる自然発生的な集団抗議行動——その批判の矛先は時として党に向けられる——の発生と拡大が注目され始めたのも，ちょうどこの時期にあたる。

このような事態に直面した党は，一党支配体制の維持に対する危機感を次第に強めていく。建国55周年を前に開催された16期4中全会での「党の執政能力建設の強化に関する中共中央の決定」（2004年9月19日）にみられる次の一節には，党のそうした危機感が如実に表れている。「指導的立場にある一部の幹部および指導グループの思想理論レベルは高くなく，法に基づいて政務を執り行う能力も強くなく，複雑な問題を解決する能力も高くない。（中略）。執政党としての地位は生来のものでも，永遠のものでもない」（「中共中央関於加強党的執政能力建設的決定」[2004] 273）。

こうした時代の潮流のなかで，世界最大の権威主義国家の存続と強化をめざした中国共産党の新たな政治的取り組みが始まる。そのひとつが人民代表大会（以下，人代とも略称）の制度改革を通じた民意の取り込みである。前述の「決定」は人代制度について，「人民代表大会制度を堅持し，改善する」「人代代表と人民大衆の関係を密接なものにし，国家の立法，政策決定，執行，監督などの工作について，人民の意志をさらに立派に体現させ，人民の利益を守るようにする」としている（中共中央文献研究室編2006, 280）。

もちろん，人代を通じて自らの意志を国家の意志に体現させることが党にとってもっとも重要であり，また党が人代に求める基本的機能であることに変わりはない。しかし一方で，国内のネット利用者数が全人口の半数を突破し，あらゆる言論が氾濫する現実を前に，党が統治の有効性向上を目的とした民意の取り込みを重視しつつあるのも事実である。高橋は，現在の中国は複雑な社会情勢や政策に対する大衆の関心の高まりを「単純に抑え込むだけではもたない」時代にすでに入っているとして，本来人民代表大会に期待されている「人民の声を国家機関に届けるための各種ツール」の活用が「党による統治を維持することにも資する」と結論づけている（高橋 2012, 92）。共産党にとっては，国民の政治参加を通じいかにして党外の声を吸収し，党の

意志を体現させた法律や政策に反映させていくかが，体制を維持していく上で課題のひとつとなっているのである。

そこで本章では，共産党が人民代表大会を通じ，どのようにして民意（本章では民意を「非党員および従来の政策決定プロセスには関与できなかった党員の意見や願望」と定義する）を取り込み，統治の有効性を高めようとしているのか，そのメカニズムの一端を明らかにすることを試みる。具体的には，主として全国人民代表大会常務委員会（以下，全人代常務委とも略称）での法律制定過程を取り上げる。全人代ではなくその常務委員会を対象に分析するのは，現行の1982年憲法が立法権の行使を認めたことで，「1982年以降，80パーセント以上の法律は全人代常務委によって審議・採択されている」（唐 2012, 54）からである[1]。また立法過程を対象とするのは，全人代が有する立法権，監督権（主たる監督対象は国務院，最高人民法院，最高人民検察院），重大問題決定権（国家発展計画や国家予算），人事任免権という4つの権限のうち，大衆生活とのかかわりが深く民意がもっとも反映されやすいのが立法過程だと考えられるからである。

以下，第1節では，中国共産党体制の維持と人代の関係についての先行研究を整理し，本章の位置づけを示す。第2節では，全人代の組織構造や立法過程を概観し，共産党による全人代への指導メカニズムが確立しており，党の意志が確実に法律に体現されることを確認する。その上で第3節以降では，立法過程への民意の取り込みを，立法計画策定過程と法律制定過程の2つに分けて論じる。まず第3節では，「5カ年計画」策定過程に共産党外のアクターがどのように関与しているのかを明らかにする。そして，第4節において，個別の法律制定過程におけるパブリックコメント制度について論じる。ここでは3つの法案を事例に，民意を取り込んだ上で法案が修正されていることを明らかにする。そして「おわりに」では，本章の議論を整理するとともに，今後も中国共産党にとって人代が体制維持において重要なツールであることを示し結びとする。

第 1 節　先行研究と本章の意義

　中国政治研究では，とくに6.4天安門事件と冷戦の終焉以降，民主化をめぐる議論が活発に行われてきた一方で，近年，中国共産党の強靱性や適応力に注目が集まり，共産党体制の持続に関する研究が盛んに行われている[(2)]。

　民主化論者の代表であり，中国の民主化を一貫して展望するのがローウェン（Henry S. Rowen）である。ローウェンによると，教育水準の向上と所得の長期的な安定成長により，中国は2025年までにはフリーダムハウスの定義でいう「自由」グループに入るようになるという（Rowen 2007, 2, 41-48）。「民主化運動という体制外の仕掛け」を必須の条件として，中国の民主化を展望するのが唐亮である。唐は，「力による支配」から「同意による支配」へと変わりつつある現在の政治状況の下で，社会保障制度の整備や公共サービスの充実などによる市民社会の成長といった理想的な初期条件が整い，ここに民主化運動が起こると，中国においても民主主義体制が生まれるとする（唐 2013, 3-7）。また岩崎育夫は，アジアの社会主義国の体制転換（民主化）は避けられないが，転換の後も中国共産党には生き残る可能性が残されている，そしてその転換がソフトランディングかハードランディングかは新たな政治アクター（中間層）と党の駆け引きによって決まると述べている（岩崎 2009, 265-268）。

　こうした研究が盛んに行われる一方で，貧富の格差拡大や環境汚染の深刻化など政権の帰趨に致命的影響を与えかねない数々の問題を抱えつつも，党支配が比較的安定し，中国が国際社会で政治，経済的影響力を確実に強めている現実にわれわれは直面している。そのようななかで，近年，数多く行われているのが，権威主義体制の適応力（adaptability）や強靱性・回復力（resilience）をめぐる研究である。

　グッドマン（David S. G. Goodman）は，中産階級の政治的傾向に着目して考察を行った結果，ローウェンの民主化論に懐疑的な見方を示している。経

済改革で豊かさを手に入れた中国の中間層には政治社会的変革を自ら興すような意識はなく，むしろ，中国共産党の支持基盤となっているというのがその主張である（Goodman 1999, 261）。ディクソン（Brude J. Dickson）も同様に共産党指導体制と私営企業家に代表される中産階級の政治的親和性を指摘している。私営企業家の入党や経済団体への指導強化で彼らの「抱き込み」(embrace)を図る党は正当性を高めているとディクソンは結論づける（Dickson 2007, 244）。筆者も拙稿（2012）において，党の進める入党政策と幹部管理政策の考察を通じ，「党国体制の中核に位置する中国共産党は内部（広義の国家機関）での凝集力を強めてはいるが，外部との関係においては自らを疎外し，その影響力を弱めている」と結論付け，体制維持のための外部（非国家機関）に対する党指導の重要性を指摘した（諏訪 2012, 266）。また，鈴木は，新興の社会経済エリートに対する中国共産党の政治的アプローチに着目して，党による政治的支配の実相とその発展プロセスを考察した。そして，現在中国では政治的取り込みを図る共産党とそれによって政治的影響力拡大を図る新興エリート集団の間でせめぎ合いが生じており，それが中国の政治世界全体に負の作用を与えかねないと指摘した（鈴木 2012, 347-362）。一方シャンボー（David Shambaugh）は，共産党がソ連・東欧社会主義体制崩壊の原因分析とその結果の自らの実践への反映，組織部の強化を行うことで，党＝国家体制の長期的持続可能性を指摘した（Shambaugh 2008, 161-176）。ネイザン（Andrew J. Nathan）は，人代改革を含め中国ではかつてない制度化が行われているとして，行政訴訟，陳情（中国語では「信訪」），メディアが代弁する国民の批判の声に適切に対応することで，党は適応力を高めうると主張する（Nathan 2013a, 199-213; 2013b, 65-75）。なかでもネイザンは体制維持における議会の重要性を指摘している。

　つまり，共産党にとっては体制を維持する上で，新たな潜在的脅威となり得る社会経済エリートやアクターを体制に取り込み，また指導や管理を強化するとともに，制度改革を行い国民の声に適切に対応することが重要なのである。それでは共産党は，とりわけ権力機関として国家機構の中核に位置付

けられる民意代表機関である人代を通じて，いかに体制の維持，安定化に努めているのだろうか。

トゥルークス（Rory Truex）は，権威主義体制下の議会で本当にレントが分配されているのか，されているとすればどのように利益を享受しているのかという観点から，近年の権威主義体制研究で指摘されている議会を通じた明示的/潜在的反対勢力の「取り込み」について，全人代を事例に検証している。トゥルークスは第11期（2008～2012年）全人代の代表約500人がさまざまな企業のCEOであることを特定し，なかでも財務データが揃う48社のCEOを対象にレント分配の有無とその内容を分析した。その結果，全人代代表ポスト自体が対外的に肯定的なシグナルとなり，株価の上昇をもたらし，またビジネスや投資面においても企業に利益をもたらす効果があることを明らかにした（Truex 2013）。これは，政策決定過程への影響力行使や直接的な利益分配とは異なるが，全人代にもレント分配を通じた取り込み機能が備わっていることを示している。

一方，1990年代初めから人代研究を続けているオブライエン（Kevin J. O'Brien）も，人代が体制維持に資することを指摘している。オブライエンはアンケート調査を基に，人代が単なるラバースタンプではなく，「指導部から大衆への架け橋」であると結論づけた。オブライエンは，体制サイドに位置づけられる人代代表にはその政策意図を大衆側に伝えることが期待される「agent」（代理者）としての役割にとどまらず，党や政府が政策立案する際に必要な情報を提供したり，選出母体の要求や不満を指導部に伝達する「remonstrator」（諫言者）としての役割があるとした。人代代表を通じた対応により，党は支配体制を維持し強化できるとの考えである（O'Brien 1994,359-380）。

そして加茂は，オブライエンの研究をふまえた上で，地方（江蘇省揚州市）人代代表の属性や行動パターンなどを考察した結果，人代代表にはオブライエンが主張する，共産党や政府の「代理者」およびそれらに対する「諫言者」にとどまらない第3の役割，すなわち地域社会の「代表者」（representative）としての役割もあると指摘した。加茂によると，これは上から下にではなく下から上へ，すなわち「中国社会から中国共産党や政府に向かって延びる橋梁」としての役割であり，党が代表者たる人代代表の要望に真摯かつ慎重に向かい合うことで，政権としての正当性を高め，体制の強化を図りうることを示した（加茂 2013, 11-46）。

　以上の先行研究により，全人代には潜在的な反対勢力を取り込む機能があること，また地方人代は有効な統治に必要な社会情報を党や政府にもたらし，政治的役割を果たすことで，体制の維持に寄与することが明らかになった。しかし全人代がどのように国民の声に対応しているのかはいまだ明らかにされていない。体制維持にとって幅広い国民の支持獲得は不可欠であり，国民の声を取り込み，有効な統治を行うことは党中央にとっても重要である。そうであれば，曲がりなりにも国民を代表し国家権力を行使する全人代においても，政策立案過程に幅広い社会の声を取り込み，統治の有効性を高める努力が行われているのではないだろうか。

　以下では，「はじめに」で述べたとおり，法律の80パーセント以上を審議・採択する全人代常務委に焦点を当て，立法過程において党がどのように民意を取り込んでいるのかを論じる。

第2節　立法過程と主要アクターに対する党指導

　2003年12月，全人代委員長の呉邦国は，「一切の法律法規は党指導の強化と改善に有利なものでなければならない」，それは「党が定める大方針や党が提出する立法提案を人代をつうじて国家意志にする」ことによって実現されると発言している[3]。また，1993年から10年間にわたって全人代常務委法制工作委員会主任を務めた顧昂然は，「憲法に対する改正意見あるいは草案は党中央委員会全体会議で審議採択しなければならない。政治に関する法律，経済，行政に関する重要な法律は，党中央政治局常務委員会あるいは政治局

会議での事前討論と同意が必要であり,とりわけ重要な法律については,以上に加えて中央委員会総会の討論と同意を経なければならない」と述べている(顧 2002, 214)。

「はじめに」でも述べたように,共産党にとっては自らの意志を国家の意志に体現させることが統治の正当性確保という点においてもっとも重要である。そこで,民意の取り込みを論じるに先立ち,全人代および同常務委員会での立法過程において党中央の意志が貫徹される仕組みを本節で確認する。

1. 立法過程における主要アクター

ここでは,2000年に制定・施行された立法法に基づき[4],立法プロセス(法案の起草,提出,審議と採択)を概観し,党意志貫徹のための対象となり得る客体をピックアップする。

(1) 起草

立法法には法案起草権の所在に関する条文がみあたらない。この点に関し,全人代の内部(常務委員会秘書処)から人代の実態とその制度のあり方について考察を続けた中国人研究者によると,法案起草権を有する主体を明らかにした法律や条文は中国には存在しない。しかし,過去の実績に基づくと,全人代(具体的には各専門委員会,同常務委員会法制工作委員会など),国務院(法制弁公室,担当各省庁),最高人民法院,最高人民検察院,中央軍事委員会,党中央組織,全国的な社会団体(中華全国総工会,中華全国婦女連合会,共産主義青年団中央[5]など)が起草権を行使しているという(蔡 2003, 292-294)。また,第8期全人代常務委秘書処が1994年2月24日付で出した通達は,「全人代各専門委員会,同常務委法制工作委員会,国務院弁公庁,中央軍事委弁公庁,最高人民法院および最高人民検察院は6月末までに,法案起草工作グループ責任者の名前,1995年から97年の間に全人代常務委の審議にかけることを希望する法案を全人代常務委弁公庁に提出しなければならない」としてい

る（全国人民代表大会常務委員会秘書処 1994, 4-5）。

この２つの手がかりによっても多少の曖昧さが残ることは否定できない。しかし，中国の国家制度や政治システムに基づけば，ここで言及された組織を法案起草権を有する主体の最大公約数とみなすことに大きな問題はないと思われる。

（２）提出

立法法は法案提出権を有する主体を以下のとおり定めている。「全人代に提出できる」のは同主席団，同常務委員会，国務院，中央軍事委員会，最高人民法院，最高人民検察院および全人代各専門委員会，１つの代表団[6]あるいは30人以上の代表（連名）である（立法法第12条，第13条１項）。これに対し，「全人代常務委に提出できる」のは同委員長会議（構成員は全人代委員長，副委員長および秘書長），国務院，中央軍事委員会，最高人民法院，最高人民検察院，全人代各専門委員会，10人以上の常務委構成メンバー（連名）である（同第24条，第25条１項）。

一方，提出された法案の扱い（審議対象にするか否か）については，全人代では同主席団の，全人代常務委員会では同委員長会議の判断にそれぞれ委ねられている（同第12条２項，第13条１項，第24条２項，第25条１項）。

（３）審議と採択

全人代では全体会議のほか，各代表団と専門委員会でも審議される（同第16条，第17条）。また，主席団常務主席（複数）は代表団団長会議を開催することなどができる（同第19条，第21条）。一方，全人代常務委では全体会議およびグループ会議で審議される（同第27条，第29条）。採択は，全人代では全代表の，同常務委では全委員のそれぞれ過半数による（同第22条，第40条）。

2．立法過程での党指導

上述の主要アクターに対する党指導は以下の2つの方法で確保されている[7]。

第1に，人的配置による支配である。これは党員の数的優位性によって確保される。そこで，党員占有状況を個別にみると，全人代代表の約7割，国務院職員の約8割は党員である（諏訪 2004, 119-123）。全人代に9つある専門委員会のトップ（主任委員）には副大臣クラス以上の党員が就いている。法律委員会を例にメンバーの政治的背景をみると，主任委員は党員，10名の副主任委員中8名は党員（残り2名は民主党派[8]），12名の委員中11名は党員である。全人代を構成する地方代表団の団長には大臣クラスの党員（省級人代の主席や党委書記。解放軍代表団の場合は中央軍事委員会副主席）が就任している。全人代常務委員会で法案起草作業に従事する法制工作委員会の主任は党員（全人代法律委員会の筆頭副主任委員）である[9]。代表的な全国規模の社会団体の場合，組織全体としての党員比率は必ずしも高くないと思われるが，指導部は党員で構成される。

法案の起草・提出主体に対する指導もさることながら，前述のとおり，提出された法案を審議の俎上に載せるか否かは全人代では同主席団の，常務委員会では委員長会議の判断に委ねられていることから，この2つの組織に対する党指導が実は決定的に重要である。そこで，年1回開催される全人代審議を主宰する主席団の中核である常務主席についてみると，第12期（2013−2018年予定）の場合，14名の構成員中9名が党員（張徳江，李建国，王勝俊，王晨，沈躍躍，吉炳軒，張平，向巴平措，艾力更・依明巴海）である。そして，この14名がもう一つの核である常務委員会委員長会議の構成員を兼ねている。ちなみに，残り5名の非党員構成員は民主党派の主席である。

党はこのように，立法過程に関与する組織や指導部にその構成員の半数を上回る党員メンバーを送り込む，あるいは組織の指導者に幹部党員をおくこ

とで，すべての組織を支配しているのである。

　第2に，「党組」による組織的支配である。党規約によると，非党組織（企業や居住区）に3人以上の党員がいると党の基層組織（規模の小さいものから順に党支部，党総支部，党委員会）をつくらなければならない（中国共産党規約第29条）。このような一般的党組織が水平的組織であるのに対し，党規約には非党組織のなかに「党組」の設置を認める規定がある。それによると，国家機関などの指導部に設置される党組には指導上の核心的役割を発揮することが求められ（同第46条），そのメンバーは党組設置を決定した党組織が任命することになっている（同第47条）。そして，党組の設置は，原則として党中央委員会あるいは設置対象と同級の地方党委員会の審査・批准による（「中国共産党党組工作条例（試行）」第6条1項）。つまり，党組が設置されている国家機関などの指導権は，上級あるいは同級党組織によって任命された幹部党員で構成される機関内党組という垂直的組織が握っているのである。

　本節での考察対象である全人代常務委員会の他，国務院，最高人民法院，最高人民検察院および全国的な社会団体にはいずれも党組が設置されている[10]。そして，これらの党組は，党中央（政治局常務委員会，政治局，書記処から構成）の意志をそれぞれの組織内で貫徹することを最大の任務とする。

　第12期全人代常務委党組のトップ（組長）は全人代委員長であり，党内序列第3位の政治局常務委員である張徳江が務めている。また，メンバーは李建国，王勝俊，王晨，沈躍躍，吉炳軒，張平，向巴平措，艾力更・依明巴海の8名の幹部党員である[11]。

　つまり，これまでの議論からわかるように，張徳江を中心とするこの9名によって構成される党組が党中央の意志を全人代に反映させ，また彼らは主席団常務主席を兼任することで全人代における立法作業を，そして，委員長会議構成員を兼任することで全人代常務委における立法作業をそれぞれリードしているのである[12]。表1-1は第12期全人代指導部の兼任状況を，図1-1は全人代と同常務委の関係をそれぞれ示したものである。

　また，表1-2は，第7期途中（1991-1993年）から第12期までの全人代

表 1-1　第12期全人代指導部の兼任状況

	全人代常務委員会 党組（9名）	全人代常務委員会 委員長会議（14名）	全人代主席団 常務主席（14名）	党内外主要職務
1	張徳江（組長）	張徳江（委員長）	張徳江	党中央政治局常務委員（序列第3位）
2	李建国	李建国（副委員長.以下同じ）	李建国	党政治局委員，中華全国総工会主席
3	王勝俊	王勝俊	王勝俊	党中央委員
4	王晨	王晨（秘書長兼任）	王晨	党中央委員，党中央宣伝部副部長
5	沈躍躍（女性）	沈躍躍（女性）	沈躍躍（女性）	党中央委員，全国婦女聯合会主席
6	吉炳軒	吉炳軒	吉炳軒	党中央委員
7	張平	張平	張平	（前国家発展改革委主任，党組書記）
8	向巴平措（チベット族）	向巴平措	向巴平措	（前チベット自治区党委副書記）
9	艾力更・依明巴海（ウイグル族）	艾力更・依明巴海	艾力更・依明巴海	（前新疆ウイグル自治区人代主任）
10		陳昌智（非党員）	陳昌智（非党員）	中国民主建国会主席
11		厳雋琪（非党員。女性）	厳雋琪（非党員。女性）	中国民主促進会主席
12		万鄂湘（非党員）	万鄂湘（非党員）	中国国民党革命委員会主席
13		張宝文（同上）	張宝文（同上）	中国民主同盟主席
14		陳竺（同上）	陳竺（同上）	中国農工民主党主席

（出所）『人民日報』2015年1月16日および全人代ウェブサイトを基に筆者作成。

「立法計画」（次節のテーマ）に記された法案（改正を含む）起草主体とそれぞれが起案した法案数の一覧である（全国人大常委会法工委立法規画室編 2008, 305-324）。

　この表からは，法案起草主体が全人代と国務院にほぼ限定されている実態が明らかになる。国務院は全人代同様，共産党の指導が最も貫徹されている国家組織である。党組は国務院と原則各省庁にそれぞれ存在する。したがって，党の方針を逸脱するような法案が国務院によって起草，提出される可能性はあり得ない。一方，30人以上の代表（第12期全人代代表は2987名）や10人

図 1-1 第12期全国人民代表大会と同常務委員会の職権，内部組織および関係

全国人民代表大会 （中核は主席団の 常務主席）	1．職権は「憲法の改正」，「刑事・民事・国家機構関連およびその他の基本的法律の制定と改正」など（憲法第62条）。 2．1期5年，年1回（10日間程度）開催。 3．法律委員会など9つの専門委員会。 4．35の代表団に属する2987名の委員から構成。うち共産党員は約7割。 5．大会を主宰する主席団の中核は常務主席。14名の常務主席中9名は共産党員。
同常務委員会 （中核は党組と 委員長会議）	1．職権は「全人代で制定すべき法律を除く法律の制定と改正」，「全人代閉会期間中においては，全人代が制定した法律に対する部分的補充と改正」など（憲法第67条）。 2．原則2か月に1回（数日）開催。 3．法制工作委員会など5つの事務機構。 4．2987名の代表の中から選ばれた常務委員は175名。うち120名は共産党員。 5．党組を構成する9名の幹部党員（トップは常務委員長の張徳江）全員が委員長会議（構成員は14名）および全人代主席団常務主席中の党員構成員でもある。

（出所）全人代ウェブサイトを基に筆者作成。

表 1-2 立法計画に記された法案（改正を含む）起草主体とそれぞれが起案した法案数

（単位：本）

	7期 91.10～93.3	8期 93.4～98.3	9期 98.4～03.3	10期 03.4～08.3	11期 08.4～13.3 [2] 	12期 13.4～18.3 [3]
全人代	10	46	39	33	18	23
国務院	50	98	47 [1]	41	48	46
最高法院	2	5	2	1	0	0
最高検察院	2	4	1	1	0	0
人民解放軍	0	10	5	3	6	4
その他	3 （総工会， 全国婦連）	2 （総工会， 共青団）	0	1 （全国婦連）	0	0

（出所）全国人大常委会法工委立法規画室編（2008, 305-324）を基に筆者作成。
（注）1）国務院に関する出所上の記載は，第7期と第8期は担当省庁名でのものだったが，第9期以降は「国務院」でほぼ統一されている。
　　2）十一届全国人大常委会立法規画（http://www.npc.gov.cn/npc/xinwen/syxw/2008-10/29/content_1455985.htm。2014年9月2日アクセス）。
　　3）十二届全国人大常委会立法規画（http://www.npc.gov.cn/npc/zgrdzz/2013-12/12/content_1816288.htm。2014年9月2日アクセス）。

以上の常務委員（同常務委員は175名。うち55名は非党員）の全員を非党員で組織することは人数的には可能であり，党の意向に沿わない法案が提出されることはありうる。しかし，このような法案は全人代主席団常務主席あるいは同常務委員会委員長会議によって廃案処理できるのである。

　以上，全人代および常務委員会での立法過程において党中央の意志が貫徹するメカニズムを確認した。次節以降では，その過程に民意がどのように取り込まれるのかについて考察する。

第3節　「5カ年計画」制定過程での民意の取り込み

　1990年代以降，全人代の立法作業は常務委が制定した「5カ年立法計画」に沿って行われるようになった。そして，この方式は地方人代の条例制定過程でも採用されるに至っている。したがって，法律制定過程における民意の取り込みについての考察は，立法（地方においては条例制定）計画案作成段階から始めるのが適当であろう。事実，共産党は限定的だが計画制定段階で党外の声を取り込もうとしている。

　5カ年立法計画（以下，立法計画）とは，全人代の任期（5年）のスタートにあたり，同常務委員会の責任において作成される「任期中に制定・改正をめざす法案および制定に向けて調査研究を進める法案とそれぞれの起草担当機関（あるいは全人代での審議を求める任を負う責任機関）を記したリスト」のことある。

　全人代の実践において立法計画策定問題がハイレベルで初めて取り上げられたのは第7期（1988-1993年。委員長は政治局委員の万里）のことである。その背景には，国務院をはじめとする各組織の「越権行為」があった。たとえば，第7次経済建設5カ年計画（1986-1990年）期を対象に国務院が作成した政令などの制定スケジュールには，本来であれば法律として全人代が制定すべきものが50本以上も含まれていたという（周 1993, 40）。つまり，全人

代とその常務委員会に立法権を付与した憲法規定は，1980年代後半に至るも遵守されていなかったのである。

　1988年4月，第7期全人代常務委員会第1回会議で，万里が立法計画制定の必要性を提起した[13]。これを受けて，続く第2回会議では法律委員会が「5カ年立法計画に関する初歩的構想」を提出し（全国人大常委会法工委立法規画室編 2008, 299-304），翌1989年に開催された第2回全体会議後，常務委秘書処によって，「第7期全人代立法工作のアレンジに関する意見」が提出される。「全人代常務委員会による立法計画工作の初の試み」の一環と位置付けられる同「意見」では，法案の起草組織と審議申し入れ時期に関して明確な言及がなされたという[14]。そして，1991年，「立法計画」という表現が初めて使用された政策文書「全人代常務委員会立法計画　1991年10月 – 1993年3月」が採択される[15]。

　次の第8期（1993 – 1998年。委員長は党政治局常務委員の喬石）以降[16]，中国の立法作業は立法計画にしたがって進み，ようやくこれが全人代常務委のルーティーンワークとなる[17]。第8期立法計画制定プロセスは以下のようになっている

　立法計画制定の取りまとめは全人代常務委秘書処に任されている。そのトップの秘書長は委員長会議および党組のメンバーであるため，当然のことながら計画策定は党指導下で進む。1993年6月，同秘書処は立法計画を策定するにあたり，全人代各専門委員会，国務院関連部門，最高人民法院，最高人民検察院，中央軍事委員会法制局および各人民団体に対して，制定することが適当と思われる法案についての要望を聴取した。これらの機関は前述のとおり，いずれも党の指導が行きわたっている部署であり，組織である[18]。

　この後，秘書処は，全人代各専門委員会や国務院関連部門など50部門から出された177本の立法要求を対象とした絞り込み作業を行っている。注目すべきはこの段階で，秘書処が全国各地で関連の調査研究を行った以外に，北京在住の法学研究者や経済学研究者を集めた座談会を開催し，彼らのコメントを求めていることである（曹志 1993, 5-7）。第8期についての詳細は不明

だが,第10期(2003-2008年。委員長は政治局常務委員の呉邦国)の場合,全人代常務委が開催した意見聴取のための座談会には憲法,民法,刑法,行政法などを専門とする20人近い学者が参加した。そして彼らの提案に基づき,破産法,反独占法,緊急事態法などが立法計画に組み込まれた(庄2003,6)[19]。

秘書処による絞り込みを経て策定された立法計画案(152件)は,最終的には全人代常務委党組から党中央に回され,1994年1月26日,党中央はこれを承認した(全国人民代表大会常務委員会秘書処1994,4)。

図1-2は,第8期立法計画制定プロセスを図式化したものである(二重線内は民意の取り込み部分)。

このように,立法計画制定段階は党指導下で進んでいくものの,専門家や学者の見解に限定されているとはいえ,一定の民意取り込みが図られている。そしてその民意をふまえた最終計画が党中央の承認を得ているのである。

一方,一般大衆の意見や要望はどのように取り込まれ,彼らの関与によって当初の立法計画にどのような変化がもたらされたのだろうか。管見の限り,中央レベル(全人代常務委員会)ではその実態が明らかにされていない。しかし,地方人代での実践に目を向けると,計画策定における一般大衆のかかわりが明らかになってくる。本章の考察対象は中央レベルであるが,地方で

図 1-2 第8期立法計画制定プロセス

全人代常務委秘書処,全人代各専門委員会や人民団体などから立法に関する要望聴取(要望数一七七件) → 同処は各地で研究調査実施。あわせて,北京市在住専門家による座談会開催 → 全人代常務委,意見を集約 → 全人代常務委党組,一五二件からなる立法計画案の承認を党中央に求める → 党中央,原案どおり承認

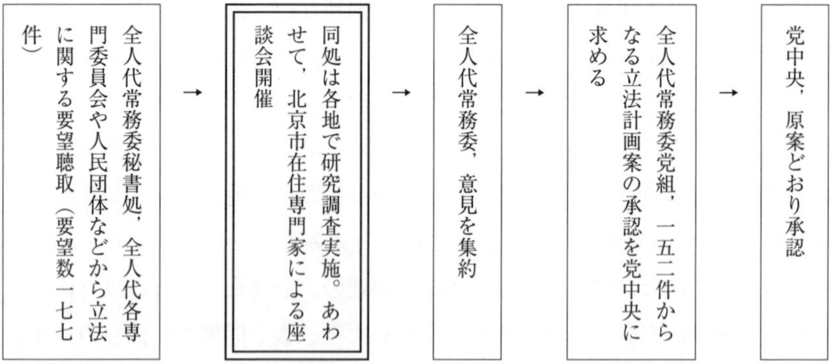

(出所)曹志(1994,5-7)を基に筆者作成。

の新たな政策的取り組みを中央が追認し自らも実践に移すのが改革開放期中国によくみられる現象である。また，地方人代での計画策定段階における民意取り込みといった手法に対する中央からの批判も確認されていない[20]。そこで，以下では四川省と北京市の人代常務委員会における条例計画策定過程を例に，計画への民意取り込み過程を具体的にみることにする。

　まず四川省についてみると，2002年，同省人代常務委員会が条例の制定計画について初めて外部意見を募集したところ，90を上回る制定提案があった。検討の結果，同人代法制工作委員会がこれらのうちから制定計画に10件を組み入れた。そのうち1件は，省電力公司の一般労働者2名による「四川省感電事故処理条例」制定に関する提案だった。このように外部意見の募集により，一般労働者の提案が採用されることもある[21]。

　原案を大幅に修正させるという形で大衆の提案が計画制定に影響を与えたことがうかがえる事例が，北京市人代常務委員会「2003年－2007年条例計画」の制定過程で確認できる[22]。

　2002年10月から同年末にかけて，北京市人代常務委員会は条例の制定「計画草案作成」のため，関連する政府部門以外に，同市人代常務委が市弁護士協会，私営個人経済協会などの業界団体や社会団体，大学や研究機関といった広範な組織から見解を求めた。艾はこうした手法により，「さまざまな利益関係の分配，範囲確定および協調の実現，国民（中国語では「公民」）および法人の合法的権利保障，条例制定プロセスの透明性向上，制定の公平性と正義性確保，条例内容の偏向と欠落防止に効果的であることから，社会の安定と発展を促進できる」と指摘している（艾 2004, 33）。

　そして2003年6月10日，計58本の条例など（うち，新規制定43，改正15）から構成される草案を公開し，翌11日から10日間という短い期間であるが制定・改正すべき条例などについて，一般市民からの要望を聴取している。この聴取を受けて市人代常務委内部で改めて検討した後，9月3日に65本からなる計画リストが正式に発表された。それをみると，草案にあった58本のうち，そのまま最終リスト入りしたものは37本にとどまり（全58本中の約64パ

ーセント），また4本は時期尚早などの理由で当面は調査研究対象とされた[23]。つまり，当初のリストからは17本（同約29パーセント）が排除され，草案には入っていないが新たに正式リストに入ったものは24本（全65本中の約37パーセント。うち，調査研究対象7）となったのである[24]。表1－3は草案と最終計画の対比である。

図1－3は以上の一連の流れを図示したものである（二重線内は民意の取り込み部分）。この北京市の事例からは，大衆の具体的な要望の詳細はわか

表　1－3　北京市人代「2003年－2007年条例計画」草案にみられる変更部分

草案から削除された条例等	最終計画に新たに加えられた条例等
1．清潔生産促進法実施弁法	一．立法計画
2．公共道路法実施弁法	1．国家通用言語文字法実施に関する若干の規定
3．不動産管理条例	2．歴史資料館条例
4．低価格住宅管理条例	3．都市ガス安全条例
5．風景名勝区管理条例	4．道路等管理条例
6．緑化隔離帯保護管理条例	5．建築条例
7．法律援助条例	6．徴兵工作条例
8．職務犯罪予防条例	7．未成年犯罪予防法実施弁法
9．企業事業単位民主管理条例	8．ハラル食品管理条例
10．ボランティア服務条例	9．人代常務委員会による重大事項の討論と決定に関する条例
11．留学帰国創業人員権益保護条例	10．北京経済技術開発区条例（改正）
12．機構設置・編制管理条例	11．農村集団資産管理条例（改正）
13．台湾同胞投資保護法実施弁法	12．動物実験管理条例（改正）
14．規則・報告条例	13．書籍・新聞・電子出版物等管理条例（改正）
15．外資系ビジネスマン投資企業清算条例（改正）	14．測量法実施弁法（改正）
16．都市緑化条例	15．地方法規制定条例（改正）
17．区県郷鎮人民代表大会選挙実施細則（改正）	16．予算監督条例（改正）
	17．全人代及び地方各級人代代表法実施弁法（改正）
	二．調査研究
	1．都市防災減災条例
	2．企業国有資産条例
	3．就業促進条例
	4．社会保障条例
	5．公共衛生条例
	6．市政設備条例
	7．社区安寧条例

（出所）「北京市人代常委会2003年-2007年立法規画項目建議（草案）」および「北京市人代常委会2003年至2007年立法規画」を基に筆者作成。

図 1-3 北京市人代「2003年-2007年条例計画」の制定プロセス

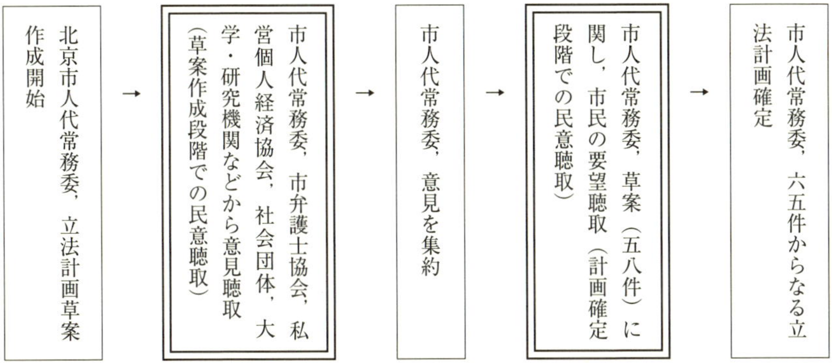

北京市人代常務委、立法計画草案作成開始 → 市人代常務委、市弁護士協会、社会団体、大学・研究機関などから意見聴取（草案作成段階での民意聴取）→ 市人代常務委、意見を集約 → 市人代常務委、草案（五八件）に関し、市民の要望聴取（計画確定段階での民意聴取）→ 市人代常務委、六五件からなる立法計画確定

（出所）「北京市人大公布五年立法規画草案征求意見」を基に筆者作成。

らないものの、条例の制定「計画確定」にあたり、一般市民の要望を聴取した後に、計画案を大きく変更していることがわかる。これは、党が一般市民の要望を計画にある程度取り込んだ結果ということができよう。

第4節　個別の法律制定過程におけるパブリックコメントの募集

　本節では、個々の法律制定に際してのパブリックコメント募集（中国語では「征求公民意見」）を通じた、民意の取り込み状況について考察する。既述のとおり、座談会や公聴会も検討対象となり得るが、とくにパブリックコメント募集を選んだのは、国民の政治参加を拡大し、より幅広い民意を取り込むという党のねらいにもっとも即した制度だからである。以下ではまずパブリックコメント募集の背景を考察し、同制度が共産党が認識する危機への対応から生まれてきたことを示す。その上で国民の関心が高い労働契約法、食品安全法および個人所得税法の制定・改正という3つの事例を取り上げ、民意の取り込み状況をみることにする。

1. パブリックコメント募集の背景

 中国の法制史を顧みると,パブリックコメント募集に対する問題意識は実は早くからあり,実施に移されたケースもある。現行憲法制定時(1982年4－8月)もそれに該当するが(『瞭望新聞週刊』2014年第37期,31),制度化,ルーティーンワーク化は2000年の立法法の成立・施行を待たねばならなかった。

 その背景には共産党の政治的危機認識の高まりがあったことが指摘できる。1989年の「6.4天安門事件」と1991年末のソ連崩壊が社会主義イデオロギーの実質的破綻をもたらした。そこで,江沢民を中核とする党の新指導部は,「愛国主義」を社会主義に代わる新たな国家イデオロギーとして,党に対する凝集力を保持せんとする戦略を打ち出す。引退間近の江が提起した「3つの代表」という考え方[25]は,私営企業家など新興勢力の取り込みによる,党の生き残り戦略に他ならなかった。また,1990年代には価値観の多様化や貧富の格差拡大などを背景に社会的不安が深刻化し始めたことで,「はじめに」で言及したとおり,「群体性事件」が政権に及ぼしうる危険性に目が向け始められる。まさにそのようなタイミングで立法法の制定が課題に上がったのは,偶然の一致ではあるまい。同法は第8期全人代常務委員会の立法計画(1993-1998年)に組み入れられ,同法制工作委員会が担当部署となって起案作業が開始される(全国人大常委会法工委立法規画室編 2008, 311)。

 さらに,2000年3月11日,第9期全人代第3回会議期間中の記者会見で,喬暁陽・同常務委法制工作委員会副主任は関連する法律や条例などの間に矛盾が含まれていること,各種法律の条文そのものに問題があることなど,法整備面での問題とともに,制定手順が民主性に欠けていることなどを指摘している(喬 2000)。ここからは,立法法制定目的のひとつが立法過程に民主性を付与することであったことがうかがわれる。

 立法法が施行されたのは2000年7月1日のことである(制定は同年3月15

日）。その第34条2項をみると、「常務委員会工作機構は同委員会議事日程入りしている法律草案を関連機関、組織および専門家に送って意見を求めなければならない」とされている。また、第35条は、「常務委員会議事日程入りしている重要な法案は、委員長会議の決定を経て、その草案を公開し、意見を求めることができる。各機関、組織および国民が提起した意見は常務委員会工作機関に送られる」としている。つまり「制定手順の民主性」とは国民の政治参加を拡大し、法案に対する彼等の意見を聴くことだといえる。第35条についてはあくまでも「できる」のであり、義務化されていないが、立法法で立法過程における国民の意見聴取が認められたことの政治的意味は大きい。

事実、党はパブリックコメント制度の充実化を志向する。2008年4月、第11期全人代常務委員長会議は、「全人代常務委員会で今後審議される法案は、秘密保持が求められ、公開するのに適しないもの以外は原則的に公開し、一般大衆を中心に、広く社会の意見を募る」ことを決定したのである（劉他 2008, 27）。実際、この決定以降、軍関連法規以外はほぼすべての法案で意見募集が行われるようになった（山 2012, 28）。2013年3月8日の第12期全人代第1回会議における呉邦国・委員長による常務委員会工作報告によると、「5年間で48の法律草案を社会に公開し、延べ30万人余りが100万件余りの意見を提出した。とりわけ、個人所得税法改正草案については公布後、23万余りの意見が寄せられた」という（「全国人民代表大会常務委員会工作報告」、2013）。

以上のように、立法法制定によりパブリックコメント制度化への道が開かれ、2008年の全人代委員長会議の決定により、法案へのパブリックコメント募集がルーティン化し、一般大衆に意見を寄せる機会が与えられるようになったのである。

2．具体的事例

公開される法案に対する一般大衆の反応や関心の寄せ方は実にさまざまだが，以下では比較的大きな反響を呼んだケースの中から，民意取り込み方法が異なる3つの事例（李適時・信春鷹 2013, 157-194, 219-222）を選び，パブリックコメントが法案の修正に与えた影響について考える。

（1）労働契約法の制定と改正

第1のケースは，労働契約法の制定（全人代常務委での採択は2007年6月29日，施行は2008年1月1日）と改正（全人代常務委での採択は2012年12月28日，施行は2013年7月1日）に際するものである。本法は制定，改正にかかわらず，労働者の権利保護に関するため，大衆の関心は終始非常に高かった。

制定に際しては，2006年3月20日からの1カ月間に，全人代のウェブサイト（人代ネット），出版物，書簡などをつうじ，計19万1849件（うち，人代ネットをつうじたものが18万7744件）の意見が全人代常務委法制工作委員会に寄せられた。ネットで意見を寄せたのは国有企業，公的サービス機関（中国語では「事業単位」）および外資系企業の従業員，農民工などで，被雇用者という弱い立場にあるこうした人々から寄せられた意見が全体の約65パーセントを占めたという[26]。

2012年に行われた改正作業の焦点は，派遣労働（中国語では「労務派遣」）問題にあてられた。労働契約法第66条では「労務派遣は一般的に臨時的，補助的あるいは代替的なポストにおいてなされる」とされているにもかかわらず，雇用者側にメリットをもたらすこの雇用形態がその後乱用され，労働者の権利が著しく侵害されているとの危機感を全人代と大衆が共有していたからである。それは，同年7月6日から8月5日までの1カ月間に，人代ネットをつうじて55万7243件の意見が，書簡によって869件の意見がそれぞれ寄せられたことからも明らかだ。参与者数とコメント数の多さは空前のものだ

ったという。パブリックコメントの募集以外に，9名の派遣労働者を集めての座談会も開催された。この過程で，具体的にどのような大衆の声が寄せられたかは明らかにされていないが，関連資料や報道などからは，現行法に対する大衆の不満の声が改正に反映されたことがうかがわれる[27]。たとえば，前述の第66条には「契約労働がわが国企業の基本的採用方式である。派遣労働はその補充である」との一文とともに，上述の「臨時的」，「補助的」および「代替的」の定義に関する説明文が加えられた。また，第63条には，「派遣労働者を雇う者は，同一ポスト同一賃金の原則に従い，派遣労働者に対しては同類ポストに就いている正式労働者に与えるのと同じ報酬分配方法を採用しなければならない」との一文が加えられるなど，派遣労働者の権利確保を意図する改正がなされた。

（2）食品安全法の制定

第2のケースは，食品安全法の制定（全人代常務委での採択は2009年2月28日，施行は2009年6月1日）に際するものである。

全人代常務委法制工作委員会には2008年4月20日から1カ月の間に，政府部門，食品生産経営企業，食品行政組織および一般消費者のみならず，WHOやEUの中国事務所といった国際組織からのものも含め，計1万1327件の意見が寄せられた。反響の大きさに配慮してか，同委員会はコメント募集期間中，それまでに寄せられた4838件の意見を整理し，議論が集中したいくつかの問題について，人代ネットなどをつうじて中間報告を行っている[28]。

草案と最終的に採択施行された法律を比較すると，確かに寄せられたコメントに沿った修正が施されていることが確認できる。たとえば，「監督責任を負うべき機関が明確にされていない」との指摘を受けて，国務院に食品安全委員会を設けるとの条文が設けられ（第4条1項），李克強・副総理を主任とする委員会が設置された。また，零細企業に対する管理を強化すべきだという声も少なくなかった。全人代常務委は，これは十分な衛生管理条件を有しない零細企業が全食品生産企業の7割から8割を占める中国の現実に基づ

く提案であるとして,「県級以上の地方人民政府は,食品生産加工に従事する小規模工場が生産条件を改善することを奨励する」(第30条)などの関連規定を設けた。さらに,草案にある罰金規定についても,零細企業への配慮から,草案にあった10万元から最終的には2000元以上5万元以下に減額されるなどに改められた(たとえば,第84条)。

(3) 個人所得税法第6回改正

第3のケースは,個人所得税法の第6回改正(全人代常務委での採択は2011年6月30日,施行は同年9月1日)に際するものである。1980年に採択された同法は,1990年代以降の著しい経済発展を受け,2007年までに計5回の改正が行われてきた。

2011年4月,国務院から提出のあった同法改正案に対する1回目の審議を行った第11期全人代常務委員会第20回会議は,給与所得者を対象とした個人所得税の月額基礎控除額(税徴収対象の最低額)をそれまでの2000元から3000元に引き上げる(その最大の目的は,徴収対象をより限定することにある)ことを柱とする改正方針を示した[29]。同法改正は,減税対象の「線引き」にかかわるため,大衆の関心はきわめて高かった。そこで,審議終了後,常務委が人代ネットをつうじて改正案に対する意見の募集を実施したところ,わずか1カ月の間に,延べ8万人以上の一般大衆から計23万7684件もの意見が寄せられた(李適時・信春鷹 2013, 185)。最大の焦点となった月額基礎控除額の引き上げについてネットで寄せられた意見のうち,原案が示した3000元への引き上げに賛成するものは15パーセント,3000元以上への引き上げを求めるものが83パーセントだった。また,パブリックコメントではないものの,税徴収の対象となる最低ラインの上昇幅を低く抑えることを主張する専門家や人代代表に対する厳しい批判が専門誌などで展開された(博 2011, 94)。人代代表という当局色を帯びた人々に対する集中砲火は,言論統制が厳しい中国においてきわめて異例の事態だった。

そのような厳しい世論をも考慮してか,より多くのルートをつうじて大衆

の意見を理解する必要性を感じた全人代法律委員会，同財経委員会および同常務委法制工作委員会は，パブリックコメント募集期間中の終盤で，全国総工会代表，高所得サラリーマン，そしてネットユーザー（たとえば，山西省の炭鉱労働者）を集め，対面方式での意見聴取を行った。27名の参加者のうち，湖北省のセメント工場販売員は3000元を4000元に引き上げることを，北京市タバコ専売局職員は北京や上海といった裕福な地域については5000元に引き上げることを主張している[30]。立法過程での全人代によるネットユーザーとの対面式意見交換は初めてのことだったという。

そして，以上のプロセスの後に開催された委員長会議において，全人代常務委の「指導者」が「税徴収の最低ラインは月収3000元」という当初の案を3500元にアップすることが適切であると判断し，国務院の見解を求めた後，全人代常務委でそのとおり決議させた。ここには，民意に配慮しつつも最終判断は党が行うという構図が見て取れる。この結果，税徴収対象者はサラリーマン全体の28パーセントから7.7パーセントにまで減少したという。また，課税対象額が1500元未満（つまり，月収5000元未満）の給与所得者に対する課税率も当初案の5パーセントから最終的には3パーセントへと引き下げられた。

図 1-4 個人所得税法第6回改正プロセス

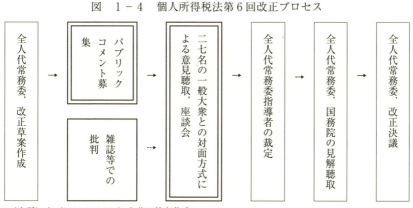

（出所）李（2013, 178-194）を基に筆者作成。

図1-4は，上記3つの事例中，パブリックコメントの反映（二重線で囲まれた部分）が最も顕著に見て取れる個人所得税法第6回改正に関する一連のプロセスを図式化したものである。

　以上，パブリックコメント募集の主だった事例を時系列的にみてきたが，その結果として2点指摘したい。一点目は，党と大衆の間には，全人代常務委員会を窓口とし，法律の制定という共通の目標実現に向けたやり取りを通じた協力関係があること，二点目は，法案の性質に応じコメントの募集方法や募集対象を現実に即して調整するという柔軟性を党がもち合わせていることである。たとえば，労働契約法の改正に際し，全人代常務委は意見聴取のための座談会を開催したが，そこに招かれたのは労働者のなかで最も権利が侵害されているとみなされていた派遣労働者だった。また，個人所得税法改正にあたっては，待遇や境遇の異なるグループの代表を集めた対面方式の意見聴取が行われた。

　以上の2点からは，パブリックコメントの募集は単なるガス抜きというにとどまらず，国民の声に適切に対応することで統治の有効性向上をめざす党の意志が読み取れるのである。

おわりに

　中国共産党が1990年代以降進めた人民代表大会制度改革は，一党支配体制維持への危機意識に基づくものである。「はじめに」で言及した「党の執政能力建設の強化に関する中共中央の決定」によると，堅持し，改善すべき人代制度の方向性は，「人代代表と人民大衆の関係を密接なものにし，国家の立法，政策決定，執行，監督などの工作について，人民の意志をさらに立派に体現させ，人民の利益を守るようにする」というものだった（中共中央文献研究室編2006, 280）。ただし，この「人民の意志のさらなる立派な体現」のためには重要な前提があることを，胡錦濤政権においてNo. 2の地位にあっ

た呉邦国・全人代常務委員会委員長は，次のように明確に述べている。いわく，「人代工作は正しい政治的方向を堅持しなければならない。最も根本的なことは党の指導，人民が主人であるとの方針，そして法に基づいたガバナンスという3要素の有機的統一の堅持であるが，核心は党の指導堅持である」「政治文明における有益な成果を含む人類社会が創造した文明的成果を積極的に借用しなければならないが，西側のやり方をそのまま使ってはならない。われわれは，複数政党制，"三権分立"，両院制は決して行わない」（呉邦国 2009, 926-929）。

本章では，全国人民代表大会での立法過程において，党が自らの意志を国家の意志に体現する一方で，いかに民意を意識的に取り込んでいるか，そのメカニズムの一端を明らかにした。その結果，党中央は，全国人民代表大会常務委員会を通じ，5カ年立法計画作成プロセスと個々の法律制定過程で民意の取り込みを行っており，それが党の目的にかなっていると思われる点を確認した。

一党支配体制を堅持しつつも，人代を通じた法整備を進めることで統治の有効性向上を図るという方針は，習近平をトップとする現指導部も継承している。それは，2014年10月23日の18期4中全会決定（「法に依って国を治めるとの政策を全面的に推進することをめぐる若干の重要問題に関する中共中央の決定」）に明確に反映されている。まず，党と人代の関係について同決定は，「立法工作に対する党の指導を強化する。（中略）重大な制度・政策調整にかかわるあらゆる法律の制定は党中央に事前報告し，その討論と決定に従う。党中央は全人代に憲法改正の提案を行い，憲法の規定に従った改正を行う。法律の制定と改正に関する重大問題は全人代常務委党組が党中央に事前報告する」としている。そのうえで，「法律制定で重大な利益調整が生じうる場合は関連する国家機関，社会団体，専門家や学者などの意見を求めるといった制度構築を模索する。国民が秩序だって法律制定過程に参与するルートを拡大し，法律・法規・規章などの草案を公開し見解を求める方法やパブリックコメントの採用状況をフィードバックするシステムを健全化し，広範な社

会的コンセンサスをつくり上げる」としているのである[31]。つまり現指導部は，これまでの制度に欠けていた国民へのアカウンタビリティ機能を強化し，体制への支持獲得をめざしていると考えられる。この方針は，党中央が2015年2月9日に出した「社会主義協商民主の建設強化に関する意見」（中央3号文件）のなかでも確認された[32]。

そして，2015年3月15日の第12期全人代第3回会議で採択された修正立法法によって，「全人代常務委員会議事日程入りした法案については，常務委員会会議後，委員長会議が公開しないことを決定したものを除き，その法律草案，起草・改正説明などを社会に公開し，コメントを求めなければ<u>ならない</u>。公開・徴集期間は一般的に30日を下回ってはならず，コメント徴集状況は社会に知らせねば<u>ならない</u>」（第37条。下線筆者）との形で立法化されたのである[33]。

法案によっては万を超えるコメントが寄せられることに鑑みると，すべてに対するフィードバックは非現実的であろう。とはいうものの，何らかの慰撫策を講じることは，大衆の不満緩和や統治に対する支持獲得といった観点から，一党支配体制の維持に有益である。今後は，具体的な制度化を行い，統治強化という党の目的実現につながる実践の積み重ねが重要となる。

中国共産党は「西側民主」を否定する一方で，人代を中核に据える「中国式法治」制度を通じて自らの意志を国家の意志に置き換えることこそが「真の民主」であり，「中国の特色ある民主」であると主張する。しかし当然ながら国民の意志を無視することはできない。むしろ国民の声に適切に対応することが益々重要になっている。したがって党は，引き続き全人代と人代制度をひとつの重要なツールとして利用し，政策過程に民意を取り込んでいくと考えられる。しかし，人代（議会）という場で自らの主張の展開を認められ始めた大衆が，党がめざす予定調和的な未来を保障するパーツとして動くとは限らない。「中国の特色ある民主」構築による体制維持の歩みはまさに始まったばかりなのである。

〔注〕
(1) 地方条例の制定も中央同様，地方人代常務委員会が中心となって行う（王2014, 48-49）。
(2) 共産党体制の持続に関する中国書籍としては党内民主，協商民主，グッドガバナンスなどをキーワードに，政治改革に対する党の取り組みを扱った景他主編（2012）の解説書がある。
(3) 呉邦国「呉邦国在全国人大常委会立法工作会議上的講話」(http://www.people.com.cn/GB/14576/14957/2306114.html。2013年12月7日アクセス)。
(4) 立法法は2015年3月に改正されているが，本節での考察は主に改正前を対象としているため2000年制定の立法法に依拠している。なお，同法によると，「法律」を制定できるのは全人代および同常務委に限定されるが，未制定の法律については国務院への授権（「行政法規」の先行制定を認めること。なお，行政法規とは日本の政令に該当）が可能である。一方，国務院は「行政法規」を，省級人代および同常務委は条例を意味する「地方性法規」を，民族自治地方の人代は「自治条例」や「単行条例」を，国務院を構成する中央官庁は「規章」をそれぞれ制定できる。
(5) 中華全国総工会は労働者の，中華全国婦女連合会は女性の権利擁護をそれぞれ掲げた官制団体であり，共産主義青年団は共産党指導下にある青年組織である。
(6) 全人代は一級行政区に該当する省・市・自治区を単位とする地方代表団から構成されている。現12期の場合は35の代表団（香港，マカオ，台湾を含む）から構成されているが，唯一の例外（全国区）は人民解放軍である。
(7) 加茂（2006, 38-61）は，人代に対する党指導を実現するための手段として，指導部を党員で占めること，人代代表の半数以上を党員代表で占めること，人代機関の中に党組を設置することの3つをあげている。
(8) 建国時の貢献を理由に，現在に至るも共産党によって存在が認められている政治団体の総称。具体的には中国国民党革命委員会，中国民主同盟，中国民主建国会，中国民主促進会，中国農工民主党，中国致公党，九三学社および台湾民主自治同盟の8団体を指す。各団体はそれぞれの規約で「共産党の指導に従う」ことを定めている。
(9) 「人大機構」(http://www.npc.gov.cn/npc/rdjg/node_507.htm。2015年4月18日アクセス)。
(10) 全人代はいわば臨時組織なので常設の党組は存在しない。
(11) 「全国人大常委会党組召開会議」『人民日報』2015年1月16日。
(12) 第9期については加茂（2006, 169-177）を参照のこと。
(13) 「在第七届全国人大常委会第一次会議上的講話」(http://news.xinhuanet.com/ziliao/2005-03/02/content_2637312.htm。2014年7月11日アクセス)。

⑭　「回望全国人大常委会的立法規画工作」(http://www.npc.gov.cn/npc/xinwen/lfgz/lfdt/2013-11/07/content_1812837.htm。2014年1月17日アクセス)。
⑮　「科学立法大事記」(http://www.npc.gov.cn/npc/zt/qt/jndbdhcllszn/2014-09/12/content_1878354.htm。2014年9月27日アクセス)。
⑯　第8期以降，全人代常務委員長の職務は党政治局委員ではなく，それより1ランク上の党政治局常務委員が兼任している。
⑰　前掲「回望全国人大常委会的立法規画工作」。「本届全国人大5年立法規画10月出台指導思想解読」(http://chinanews.com/n/2003-07-04/26/320765.html。2014年2月26日アクセス)。
⑱　「人民団体」の定義は未だ確立されていない。この問題については毛 (2014)を参照のこと。
⑲　近年では全人代以外の国家機関でも立法に関する要望を取りまとめる際に外部の意見を聴くことがある。例えば，国務院では法制弁公室が窓口となって，制定を希望する法律に関する意見を広く社会から聴取するといった民意取り込み作業が行われている。国務院はこれを集約，取りまとめた後，国務院としての立法要望を全人代常務委員会に提出するのである。「国務院法制弁公室公告」(http://www.chinalaw.gov.cn/article/jggz/zffzxxgk/201411/20141100397548.shtml。2014年11月15日アクセス)。
⑳　本件に関する現指導部の政策志向については「おわりに」参照。
㉑　艾志鴻「関於地方人大公開征集立法項目建議的幾点思考」『海南人大』2004年8月期，18, 32-34。なお，同条例草案は翌2003年11月に同省人代常務委員会の審議にかけられたものの，「責任の認定をめぐる見解の相違」などを理由に，2012年1月，制定されることなく審議終了となった。「四川省触電事故処理条例草案被終止審議」(http://e.chengdu.cn/html/2012-01/07/content_290977.htm。2014年10月22日アクセス)。
㉒　「北京市人大公布五年立法規画草案征求意見」(http://www.people.com.cn/GB/shizheng/19/20030611/1014300.html。2014年9月16日アクセス)。
㉓　名称は多少異なるものの内容的に変化がないと類推できる条例などについては，同一のものとしてカウントした。
㉔　「北京市人大常委会2003年-2007年立法規画項目建議（草案）」(http://www.people.com.cn/GB/14576/14957/190820.html。2014年8月22日アクセス)。「北京市人大常委会2003年至2007年立法規画」(http://www.110.com/fagui/law_117270.html。2014年8月22日アクセス)。
㉕　「3つの代表」とは，江沢民が2000年に提起し，2002年の第16回党大会で党規約入りした主張のことで，党はこれを「"3つの代表"という重要思想」と呼ぶ。これによると，中国共産党とその政策は「中国の先進的生産力の発展要求」「中国の先進的文化の前進方向」そして「中国の最も広範な人民の根本

的利益」を常に代表しなければならない。なお，この考え方は，提起当初から党内で大きな反発を招いた。それは，「中国の最も広範な人民の根本利益を代表する」との主張が「労働者階級の政党」としてきた党の階級的属性をその根本から否定すると解されたからである。

(26)「全国人大介紹労働合同法草案広汎征求意見情況」(http://www.china.com.cn/zhibo/2006-04/21/content_8784914.htm。2014年7月8日アクセス)。

(27)「労働合同法首次修改，直指"労務派遣"」(http://news.xinhuanet.com/politics/2012-07/02/c_123356434.htm。2014年6月14日アクセス)。「関於《中華人民共和国労働合同法修正案(草案)》的説明」(http://www.npc.gov.cn/wxzl/gongbao/2013-04/15/content_1811064.htm。2014年9月21日アクセス)。

(28)「各地人民群衆対食品安全法草案的意見(一)」(http://www.npc.gov.cn/npc/zt/2008-04/29/content_1426499.htm。2014年10月19日アクセス)。「食品安全法草案共収到意見四千八百三十八件」(http://www.chinanews.com/cj/kong/news/2008/04-29/1235362.shtml。2014年10月19日アクセス)。

(29)「個人所得税法修正案(草案)条文及草案説明」(http://www.npc.gov.cn/npc/xinwen/lfgz/flca/2011-04/25/content_1653736.htm。2014年10月20日アクセス)。

(30)「社会公衆対個人所得税修正案(草案)的意見」(http://www.npc.gov.cn/npc/xinwen/syxw/2011-06/15/content_1659065.htm。2014年10月19日アクセス)。

(31)「中共中央関於全面推進依法治国若干重大問題的決定」『人民日報』2014年10月29日。

(32)「中共中央印発《関於加強社会主義協商民主建設的意見》」『人民日報』2015年2月10日。この「協商民主」とは協議民主(deliberative democracy)の中国的受容と解される。協商民主は本稿考察の対象には含まれないテーマだが，体制維持のための民意取り込みという党の政策課題に基づくと，今後の重要な研究課題であると言えよう。中国の協議民主については鈴木(2012, 213-234)を参考。

(33)「中華人民共和国立法法」『人民日報』2015年3月19日。

〔参考文献〕

<日本語文献>

岩崎育夫 2009.『アジア政治とは何か――開発・民主化・民主主義再考――』中央公論新社.

加茂具樹 2006.『現代中国政治と人民代表大会――人代の機能改革と「領導・被領導」関係の変化――』慶応義塾大学出版会.

―― 2013.「現代中国における民意機関の政治的役割――代理者，諫言者，代表

者。そして共演。――」『アジア経済』54(4) 12月　11-46.
鈴木隆 2012．『中国共産党の支配と権力――党と新興の社会経済エリート――』慶応義塾大学出版会
諏訪一幸 2004.「中国共産党の幹部管理政策 -『党政幹部』と非共産党組織」『アジア研究』50(2)　4月　107-125.
―― 2012.「中国共産党権力の根源 -『人材的保障措置』の視点から」菱田雅晴編著『中国共産党のサバイバル戦略』三和書籍　235 - 269.
高橋裕介 2012.「中国全人代の基礎知識 - 全人代は議会なのか」非公刊資料.
唐亮 2012.『現代中国の政治――「開発独裁」とそのゆくえ――』岩波書店.
―― 2013.「地域大国の統治モデルは収斂するか」唐亮・松里公孝編著『ユーラシア地域大国の統治モデル』ミネルヴァ書房　1-19.
毛桂榮 2014.「『人民団体』と公務員制――中国政治の一側面――」『法学研究』(明治学院大学)(97) 8月　31-59.

＜英語文献＞
Dickson, Bruce J. 2007. "The Party Is Far from Over." *Current History* 106(701) September: 243-245.
Goodman, David S. G. 1999. "The New Middle Class" In *The Paradox of China's Post-Mao Reforms*, ed. by Merle Goldman and Roderic Macfarquhar. Cambridge: Harvard University Press, 241-261
Nathan, Andrew J. 2013a. "China's Constitutionalist Option." In *Will China Democratize?* ed. by Andrew J. Nathan, Larry Diamond, and Marc F. Plattner. Baltimore: Johns Hopkins University Press, 199-213.
―― 2013b. "Authoritarian Resilience." In *Will China Democratize?* ed. by Andrew J. Nathan, Larry Diamond, and Marc F. Plattner, Baltimore: Johns Hopkins University Press, 65-76.
O'Brien, Kevin J.1994. "Agents and Remonstrators: Role Accumulation by Chinese People's Congress." *The China Quarterly* (138) June: 359-380.
Rowen, Henry S. 2007. "When Will the Chinese People Be Free?" *Journal of Democracy* 18(3) July: 38-52.
Shambaugh David. 2008. *China's Communist Party: Atrophy and Adaptation*. Washington, D.C.: Woodrow Wilson Center Press.
Truex, Rory. 2013. *The Returns to Office in a "Rubber Stamp" Parliament*. (RCCPB Working Paper, no. 33) Bloomington: Research Center for Chinese Politics and Business, Indiana University

＜中国語文献＞

艾志鴻 2004.「関於地方人大公開征集立法項目建議的幾点思考」『海南人大』 8 期, 18, 32-34.
博主他 2011.「22万条民意撼不動専家的傲慢与偏見」『今日中国論壇』第 6 期 94.
蔡定剣 2003.『中国人民代表大会制度』（第四版） 北京　法律出版社.
曹志 1993.「関於《八届全国人大常委会立法規画（草稿)》的説明」『人大工作通訊』1994年第 5 期 5-7.
何俊志 2013.『作為一種政治形式的中国人大政治』上海　上海人民出版社.
景躍進他主編 2012.『理解中国政治　関鍵詞的方法』 北京　中国社会科学出版社.
李適時・信春鷹主編 2013.『科学立法，民主立法――全国人大及其常委会十年立法実例選――』北京　中国民主法制出版社.
劉暁鵬他 2008.「解読十一届全国人大常委会立法規画」『中国人大』21期26-27.
喬暁陽 2000.「九届人大三次会議挙行記者招待会　全国人大常委会法工委負責人介紹有関立法工作情況」『人民日報』 3 月12日第 7 版.
顧昂然 2002.『新中国民主法制建設』 北京　法律出版社.
全国人民代表大会常務委員会秘書処 1994.「関於貫徹《中共中央関於転発＜中共全国人大常委会党組関於八届全国人大常委会立法規画的請示＞的通知》的意見」『人大工作通訊』第 8 期 4-5.
全国人大常委会法工委立法規画室編 2008.『中華人民共和国立法統計　2008年版』北京：中国民主法制出版社.
山工 2012.「十一届以来全国人大常委会向社会公布法律草案征求意見的情況」『人大研究』第 9 期（総第249期）28-30.
王維国 2014.「当前提高人民代表大会会議質量和実効的困境」『中国政治』第12期 45-49.
呉邦国 2009.「全国人民代表大会常務委員会工作報告」中共中央文献研究室編『十七大以来重要文献選編（上)』 北京　中央文献出版社 916-936.
―――― 2013.「全国人民代表大会常務委員会工作報告」『人民日報』 3 月21日第 1 版.
楊宏山 2002.『当代中国政治関係』 北京　経済日報出版社.
「中共中央関於加強党的執政能力建設的決定」2004　中共中央文献研究室編 2006.『十六大以来重要文献選編（中)』 北京　中央文献出版社 271-296.
周旺生 1993.「立法規画的権限画分和編制規程」『政治与法律』第01期 40-43.
庄会寧 2003.「五年立法：人民利益至上」『瞭望新聞週刊』12月 8 日第49期 4-6.

第2章

ラオスにおける国民の支持獲得過程
——国会を通じた不満吸収と国民への応答メカニズム——

山　田　紀　彦

はじめに

　ラオス人民革命党は1975年の政権樹立以降，約40年間独裁体制を維持している。その特徴は強固な党＝国家体制を維持しながらも[1]，経済・社会状況の変化に柔軟に適応し国民の不満を緩和してきたことにある。もちろん人民革命党は暴力装置を独占する唯一の権力機関であり，体制維持のためには暴力や抑圧的手段の行使をいとわない[2]。しかし多くの権威主義体制研究が指摘するように，暴力や抑圧だけでは独裁体制を維持することは難しい。体制を安定的に維持するには国民の積極的／消極的支持獲得が必要不可欠なのである（Magaloni 2006, 19; Ezrow and Frantz 2011, 55; Rose, Mishler and Munro 2011, 1-5; Dimitrov 2013b, 4）。

　このような課題に対応するため人民革命党は近年，国会を国民の支持獲得機関のひとつとして活用し始めた[3]。拙稿（山田 2013）では党が国会と選挙を通じて国民の政治参加を拡大し，国民の声を国会に反映させることで支持を獲得していると論じた。確かに民意反映メカニズムの多様化は大きな変化であり，少なくとも国民の消極的支持は獲得できると考えられる。しかしそれは国会機能の一部にすぎない。また，意見を国会の議論に反映させただけで何らかの応答がなければ，逆に体制への信頼を低下させる恐れがある。つ

まり「ガス抜き」は短期的に有効であっても，国民の支持を獲得しかつ長期に維持することはできない。

　蒲島（1988, 5）は，「政府が政治参加を通して伝達される市民の選好に順応的に反応するとき，また市民が参加を通して国家と一体感をもったとき政治システムは安定する」と述べている[4]。これは政治体制の種類にかかわらず当てはまる議論であろう。つまり独裁者が国民からのインプットに対してどのようなアウトプットを提供するかが，支持獲得にとって重要なのである（Rose, Mishler and Munro 2011, 2; Chang, Chu and Welsh 2013, 150-151, 162）。では，ラオスの国会はどのようなアウトプット機能をもち国民のインプットに応答しているのだろうか。それを明らかにすることが本章の目的である。

　人民革命党は約40年かけて強固な管理メカニズムを構築してきた。しかし党は抑圧的手段のみに依存してきたわけではない。その時々の経済・社会状況に適応し，場合によっては大きな路線変更を行うことで国民の不満に対応してきた。たとえば党は1979年6月，農民の不満が高まったことを受けて新規合作社建設を中断し，建国後に開始した農業集団化を事実上断念した（Evans 1990, 54）。そして経済が低迷し国民生活が悪化すると，同年11月には市場経済原理の一部導入を決定する（Kaysone 1979; 山田 2011, 15）。理想としての社会主義を掲げつつも，政権獲得後わずか数年で路線を転換したのである。また1980年代後半の東欧諸国やソ連の民主化に対しては，一党支配体制の維持を前提としつつも政治制度改革や自由化の拡大により国民の不満解消に努めた（山田 2005, 41-42; 2011, 27-28）。

　国会の変化もその政治制度改革のひとつに位置づけられる。党は国内外の政治状況や経済・社会状況の変化に即して国会の役割を徐々に変化させてきた。国会は民族統合機関，党の政策を追認する「ゴム印機関」から，1990年代に市場経済化が本格化し法律の制定が急務になると立法機関としての役割を果たすようになる。そして2000年代に入り経済格差，汚職，土地紛争などの拡大により国民の不満が高まると，党は国民の声を国会に反映させる仕組みを構築するのである（山田 2013, 48）。

これまでのラオス研究では国会が分析対象になることはほとんどなかった[5]。それは長らく国会が党の「ゴム印機関」とみなされ、政治アクターとして認識されてこなかったためであろう。しかし近年の国会の変化は徐々に研究者の関心を引きつけるようになった。たとえばHigh (2013) は、国会はもはや「ゴム印機関」でなくなり、政治的議論が行われ、政府批判や国民の不満表出の場として機能するようになったとし、そのような変化を「民主化の鼓動」と肯定的にとらえている。

一方近年の比較政治学では、政党、議会、選挙などの民主的制度が権威主義体制の持続にどのような役割を果たしているのかに関心が集まり、必ずしも政治制度改革と民主化を結びつけていない[6]。ラオスにおける政治制度改革も当初から体制維持を目的として始まった。カイソーン党書記長（当時）は、政治制度改革の始まりとされる1991年の第5回党大会で次のように述べている。

「（中略）この政治体制を他の政治体制に転換しなければならないということを意味しない。それは、各構成機関の役割と任務を明確に定め、それに基づいた人民民主主義政治制度における組織改革であり、その作業様式の改善である。党の役割と指導能力の向上を確かなものにし、国家機関による管理、統制における権威を高め、同時に大衆組織の役割を拡大することにより、政治制度とその構成機関が持続的かつ調和して正しく活動することである」(Kaysone 1991, 41)。

このような党の姿勢は現在でも変わっていない[7]。そうであれば、近年の国会の変化は「民主化」ではなく体制維持の観点からとらえるべきだろう。そして党が国民の支持獲得のために国会を活用するのであれば、国民からのインプットに対して何らかのアウトプットメカニズムを有し、国民の不満に応答していると考えられるのである。

以下、第1節では先行研究の整理を通じて本章の位置づけを確認する。そ

して第2節以降は国民からのインプットに対する国会のアウトプット機能について論じる。まず第2節では，国民の不満表出制度のひとつである不服申立て制度を考察する。国民は行政や司法への不服を国会に対して申立て，それに対して国会は議員や中央・地方の国会組織を通じて応答している。第3節では，ホットラインへの対応について論じる。ホットラインとは国会会期中にかぎり設置される電話，ファクス，E-mail，私書箱であり，これらのチャンネルを通じて国民は国会に対して自由に意見を表明することができる。これに対して国会はメディアを通じて回答している。以上の2節からは，国会の多様なアウトプット機能が示されよう。そして「おわりに」では，独裁体制下の議会についてラオスの事例がもつインプリケーションを示すことにする。

第1節　先行研究と本章の位置づけ

1．拙稿（山田 2013）の議論と残された課題

人民革命党体制の維持と議会の関係に関する先行研究は，管見の限り拙稿（2013）以外にはない。そこでは，民主的制度が体制の持続に寄与するという権威主義体制研究の知見に依拠しつつも，多くの先行研究が対象としてきた競争的権威主義体制と共産党独裁体制とでは制度の機能が異なるとし，選挙と議会機能について分析を行った。要約すると以下のようになる。

1999年にアジア経済危機に起因する民主化デモが起き，また経済発展にともない汚職や経済格差などが拡大し国民の不満が高まったことを受けて，党は2001年3月の第7回党大会において国会議員と国民の密接な関係を構築するとの方針を掲げる（Eekasaan koongpasum nyai khang thii VII khoong phak pasaaxon pativat lao 2001, 47）。そして2003年5月に憲法を改正し国会の位置づけを次のように変更した。

1991年憲法は国会を人民の代表機関であり（第4条）[8]，国家の基本的問題を決定する立法機関（第39条）と定めていた（Saphaa pasaaxon suunsut 1991, 12）。一方2003年改正憲法では，国会は立法機関に加えて「諸民族人民の権利と利益の代表機関」（第52条）となった（Saphaa haeng saat 2003, 19）。これにより国会が誰を代表し，また何を代表するのか，位置づけと役割がより明確になったのである。

　これを受けて国会は2005年にホットラインを設置する。これは国会会期中にかぎり設置される専用電話回線，E-mail，ファクス，私書箱であり，これらのチャンネルを通じて国民は国会に対して自由に意見をいえるようになった。当初の目的は国会審議中の法案や問題に対する意見聴取であったが，実際には土地問題，公務員給与問題，汚職問題，環境問題，裁判の不正についての訴え，学校や病院建設要請などさまざまな意見が国民から寄せられている。

　そして議員も国民の声を背景に，国会で政府に対して厳しい質問を投げかけ始めた。第6期（2006～2010年）国会では，とくに県の指導幹部を兼職する議員が地方問題だけでなく国政問題についても積極的に発言した。中央か地方どちらのノミネートか，また地元出身かどうかに関係なく，多くの議員が国政や選挙区の問題を国会でとりあげるようになったのである。議員は中央国家機関に所属し国家選挙委員会からノミネートされ選挙区を割り当てられる中央候補者と，地方機関に所属し地方選挙委員会からノミネートされる地方候補者にわかれている。つまり，選挙区とは関係が薄い議員が選挙区の問題をとりあげ，反対に中央と関係が薄い議員が国政問題をとりあげるということである。そうすることで，議員は国民と選挙区の代表という二重の代表性を帯び，国民の代弁者となった。

　さらに2010年になると国会法が改正され，各選挙区（＝各県）に設置されている国会議員団[9]が「地方議会」の代替として機能するようになり，地方での議員活動が活発になった。その目的は末端の声を直接拾い上げ，より住民に近いところで問題に対応することである。ラオスは1991年に地方議会を

廃止している。そこで選挙区の国会議員団を地方議会の代替とすることが考えられたのである。この措置により選挙区国会議員団は，県レベルの重要問題の決定，経済・社会開発計画や予算計画の作成に関与できるようになり，また行政機関への監督権限も強化された（第55条）。それにともない第56条は議員に対し，重要問題に関して人民や社会組織の意見を聴取するための会議開催権（第9項）も付与している。

そして国会法改正以降の第7期（2011年〜2015）国会議員団は，1年間で全国2025カ所，約24万5287人に対して成果普及活動を行い，また1300以上の陳情を受けた（*Pasaaxon*, July 3, 2012）。筆者による聞き取り調査でも各県にある国会事務所への国民の陳情が増え[10]，議員が県行政と村の間に入り問題解決の橋渡しをすることが確認できた。

一方選挙は，国会が上述の役割を果たせるよう戦略的に活用されている。ラオスは一党独裁体制であるため，党の意向に反する人物が立候補できない選挙制度となっている。つまり，党は候補者選出段階で自らの意向を反映させることができるのである。したがって候補者の属性をみれば，党がどのような国会の構築をめざしたのかその意図が把握可能となる。1992年から2011年まで実施された計5回の選挙における候補者の属性からは，民族構成や中央／地方候補者の割合などの基本構成はほぼ変わらないものの，候補者の役職にはその時々の党の方針が反映されていることがわかった。

たとえば2006年の第6期国会選挙では，地方の声を反映させるために県指導幹部の割合が過去最高となった[11]。一方第7期国会選挙では，県指導幹部の割合が減り郡指導幹部や議員団をサポートする地方国会事務所職員，また社会・大衆組織を統轄し社会状況を把握する県レベルの国家建設戦線出身者の割合が増えた[12]。つまり第6期では地方全般の声を，第7期では国民と密接な関係を構築し末端の声を反映させようという党の意図が見て取れたのである。

以上のように拙稿（2013）では，党が国会と選挙を連関させ国民の意見を国会に反映させていることを明らかにし，少なくとも国民の消極的支持を獲

得していると論じた。しかしアウトプップ機能については，閣僚答弁の一部を傍証として示しただけであり詳細は論じていない。またホットラインのみをとりあげ，国会へのもうひとつのインプット機能である不服申立て制度には触れていない。党が国会を国民の支持獲得手段として活用していることをより実証的に示すには，国民の意見表明や不服申立てに対する国会のアウトプットメカニズムを明らかにする必要がある。

2．国会のアウトプットメカニズム

　国会がインプットに対してアウトプット機能を果たすのであれば，国民の質問や不服申立てに対して何らかの対応をし，応答する必要がある。つまり棄却するのであればその理由を，問題を解決するのであればその意思を，そして問題を解決したのであれば結果を国民に説明することが求められる。つまりアカウンタビリティが必要になる。

　シェドラー（Andreas Shedler）は政治的アカウンタビリティの2つの基本要素として，応答性（answerability）と強制（enforcement）を挙げている（Schedler 1999, 14）。前者は統治者が自身の行為や決定についての情報を提供し，国民や監督機関に対してそれらを正当化すること，後者は統治者が公的義務に違反したり不正行為を働いたりした場合に制裁（punishment）を科すことである（Diamond, Plattner and Schedler 1999, 4: Schedler 1999, 14）。そしてアカウンタビリティは大きく3つに分けることができる。

　ひとつは「水平的アカウンタビリティ」であり，法的に権限を与えられた国家機関が他の国家機関の違法行為などに対して行う監視や処罰などを指す（O'Donnel 1999, 40）。もうひとつは，統治者と国民の相互作用に基づく「垂直的アカウンタビリティ」である（O'Donnel 1999, 29）。Manin, Przeworski and Stokes（1999, 10）は，「もし市民が自分たちを代表していない政府を識別し彼らに対して適切に制裁を科すことができ，（中略）権力の座から追いやることができるならば，政府はアカウンタブルである」としている[13]。

以上2つの概念は民主主義体制を前提としている。民主主義体制では，国民は選挙によって選好を表出し政府は政策でそれに応じる。そして政策が国民から支持されれば次の選挙で再選し，支持されなければ落選という制裁を科されることになる。このような選挙を通じた「垂直的アカウンタビリティ」は，競争的選挙を実施しない共産党独裁体制ではみられない。また「水平的アカウンタビリティ」についても，共産党独裁体制では「三権分立」ではなく党管理下の「三権分業」であり，国家機関同士でチェックアンドバランス機能を果たし制裁を科すこともない。

　しかし蓮生（2011, 12）によれば，アカウンタビリティでは「不承認の意思表示をするメカニズムが制度化されているかどうか」が重要であり，制裁は必ずしも強制を伴わないという[14]。そうであればある国家機関が他の機関に対して，また国民が国家に対して不満の声を上げ不承認の意思表示を行うことが制度化されていれば，独裁体制下でも「アカウンタビリティ」が機能することになる[15]。

　一方ディミトロフ（Martin K. Dimitrov）は，共産党独裁体制は古くから「垂直的アカウンタビリティ」を奨励してきたと指摘する（Dimitrov 2013c, 277）。共産主義では政府が経済的保障や社会保障を市民に提供する代わりに，市民は体制に忠誠を尽くすかもしくは黙認する「暗黙の社会契約」がある（Cook 1993, 1-16; Dimitrov 2013c, 277）。そして政府が契約を履行するには市民の選好や不満，また地方幹部の汚職に関する情報を収集し問題を解決する必要が生じる。反対に契約が破られ市民が不満を蓄積すると，市民は制度を通じた不満表出ではなく抗議行動を行い，体制崩壊の危機が高まるのである。ディミトロフは体制崩壊の例として1989年のブルガリアを，体制持続の例として中国を挙げている。現在，中国でも制度を通じた国民の不満表出が減少し市民の直接行動が増加しているが，不満はおもに地方政府に対してであり，中央政府が問題に介入し地方政府をアカウンタブルにするか，もしくは地方幹部の権力を剥奪し市民に代わって制裁（代理アカウンタビリティ：proxy accountability）を科すことで，体制への信頼を構築しているという（Dimitrov 2013c,

277-278)。これが3つめのアカウンタビリティである。

　ラオスでもホットラインや不服申立て制度確立以前から，国民は各級の行政機関にさまざまな要望や不満を提出し，党や政府も一定程度対応してきた。しかしアジア経済危機の際，通貨キープは2年間で690パーセント下落し，インフレ率も1999年には128パーセントとなり，とくに現金に依存する都市住民や公務員の生活に大打撃を与えたことから（鈴木 2002, 262-263），不満が民主化デモという形で制度外に表出した。デモは党が「暗黙の社会契約」を履行できなくなったことが一因だったともいえる。それ以降，党が国会改革に乗り出し，国民の権利と利益の保護を強調したことは先述のとおりである。そして国会にインプットされる不満は地方機関に対してだけでなく中央機関に対するものも多い。そうであれば，ラオスの国会は中央や地方国家機関が国民に対し何らかの責任を果たすよう媒介機能を果たしている可能性が高い。

　以上からは，ラオス国会には3つのアウトプットメカニズムがあると考えられる。第1は，国会が国民の質問や不服申立てに対して直接何らかの対応をし，その結果や理由を説明すること，第2は，国会が中央国家機関の政策や決定に対して不満を表明し，国民の質問や不服申立てに対応するよう国会が媒介機能を果たすこと，そして第3は，国民の質問や不服申立てに地方国家機関が対応するよう国会が媒介機能を果たすことである。つまり国会は「垂直的アカウンタビリティ」「水平的アカウンタビリティ」「代理アカウンタビリティ」を果たしていると考えられる。

　次節では不服申立て過程を，そして第3節ではホットライン過程における国会のアウトプットメカニズムをみることで以上の仮説を検証する。

第2節　不服申立て過程と国会の対応

1．請願解決法の制定と不服申立て過程

2005年11月，第5期第8回国会にて請願解決法が可決された (Kaswang nyutitham 2008)。先述のように Dimitrov (2013c, 277-278) は，共産主義体制では国民の選好を把握する目的で国民の不満表出が奨励されてきたと指摘する。ラオスでも国民が行政機関に対して口頭や文書で不満や要望を表明することは古くから行われてきた。たとえば村人が村長に対して問題解決を要請し，上級の郡や県行政機関に陳情に行くことは日常的にみられる。地方住民が中央の党や政府に陳情に行くことも珍しくはない。それらの実践を法制化した背景には，経済格差，汚職，土地紛争の拡大など，経済開発の負の側面が顕著になり国民の不満が高まってきたこと，また，これまで人民の訴えや提案が国家主席府，国会，党中央事務局，首相府などに送られ統一的でなく，問題が一向に解決されてこなかったことがある。つまり問題に統一的に対応し未解決問題を減らすことが立法化の目的であった (*Pasaaxon*. October 19, 2005)。

請願解決法によると，18歳以上の市民や組織は法律や規則に違反し，国家や集団の利害または自身の権利と利益に抵触すると考えられる個人や組織の行動・決定について，問題解決を要請する請願書を関係機関に提出することができる (第2条, 第12条)。請願書には，(1)国家行政機関に提出する要望書，(2)捜査機関, 検察院または裁判所に提出する提訴状，(3)国会に提出する不服申立て書の3種類があり，(1)は行政機関に対して行政にかかわる事案を解決するよう要請すること，(2)は民事/刑事訴訟法に沿って法的審理による問題解決を要請すること，そして(3)は，国家行政機関または検察院や裁判所の決定が公正でないと判断した場合に国会に対して不服を申立てることである (第2条, 第16条, 第21条, 第23条)。つまり国会は国民の不満を解決する最終

機関と位置づけられている。

　問題解決は次のような過程で行われる。まず不服申立書は，国家行政機関または裁判所の最終決定通達後60日以内に選挙区国会議員団に提出される。議員団は選挙区国会事務所のサポートを受けながら，不服申立書受理後30日以内に審議を行う（第27条，第37条）。このとき議員団は必要に応じてすべての情報やデータ，証拠などを再度審議する（第25条）。また議員団長は，地方級の裁判所長官，検察院長，関係各機関を召喚し協議することもできる（第40条）。審議後，議員団は行政機関や裁判所の決定を支持するか，または，行政機関，検察院，裁判所の審議やり直しを決定する（第26条）。この決定は不服申立人と関係各機関に通達される（第25条）。もし議員団が定められた期日内に審議できない場合，不服申立人は国会常務委員会に対して審議請求できる（第27条）。また不服申立人が国会議員団の決定に同意しない場合も，国会常務委員会に最終決定を仰ぐことができる（第25条）。国会常務委員会は国会事務局のサポートを受けながら問題に対応し（第37条），必要に応じて首相，最高人民裁判所長官，最高人民検察院長を召喚し，問題解決について協議する（第40条）。そして国会常務委員会は最終的に，行政機関や裁判所の決定を支持するか，または，行政機関，検察院，裁判所の審議やり直しを決定する（第26条）。

　以上が法律で定められた不服申立て過程である。国民は問題に応じてまず国家行政機関や裁判所・検察院に訴え，両機関の決定に同意しなければ選挙区国会議員団に不服申立書を提出する。そして議員団の決定に不満であれば国会常務委員会に再度不服申立てを行うことができる。つまり国民には，地方と中央の二段階で不服申立てができる機会が付与されているのである。

　しかし議員団や国会常務委員会は，行政や司法の判断を支持するか審議やり直しを決定するだけであり，両機関に代わって問題解決の具体的な手段を示すわけではない。とはいえ，国会が行政や司法の判断に異議を唱え審議やり直しを決定できるということは，両機関の権力の逸脱や不正を監督し（水平的アカウンタビリティ），問題解決の媒介機能を果たすことになる（代理ア

カウンタビリティ)。では,実際に選挙区国会議員団や国会事務所,国会常務委員会はどのように対応しているのだろうか。

以下では,国会請願・国籍局,6県の選挙区議員団や国会事務所で行った筆者による聞き取り[16],国会が発行する新聞 *Phouthen Pasaxon*(人民代表)[17],そして党機関紙 *Pasaaxon*(人民)におもに依拠しながら国会による実際の対応過程をみることにする[18]。

2. 国会議員団,国会事務所,国会の対応

選挙区議員団と国会事務所の役割は2010年の国会法改正により大きく変化した。法改正以前は,各選挙区議員団常任議員(以下,選挙区常任議員)はほとんどの選挙区で1人であり,国会議員の多くは他に本務をもつ非専従議員であった。しかし第7期国会からは,各選挙区常任議員は少なくとも3人にすることが選挙時に定められた[19]。この背景には有権者と密接な関係を構築すること,また選挙区議員団が「地方議会」の代替機能をもつようになったことがある。これにともなって,議員団を補佐する選挙区国会事務所の地位も県レベルの省出先部門と同格から県官房と同格に引き上げられた[20]。職員総数も第6期の153人から第7期には269人と大幅に増えている(Saphaa haeng saat suun khoo muun khaaw saan 2013, 283)。つまり第7期以降,国民の不服申立てや不満に対応する環境が整ったのである。

実際の過程は次のようになっている。まず,不服申立人は不服申立書を作成し選挙区国会事務所に提出する[21]。決まったフォームはなくまた村長の署名も要件となっていないが,国会請願・国籍局での聞き取りでは拇印の押印は必須とのことである[22]。また県によっては口頭での不服申立てを受け付けるところもある[23]。不服申立人は書類提出の際に受付番号をもらい,後にその番号によって審議結果を確認する。さらに不服申立ては国会事務所への文書提出の他に,議員が村々を訪問した際にも行われる。近年は国民が国会の代表性と役割を認識し始めたことから,行政や司法に訴える前に国会に問題

解決を要請することもあり，本来ならばまず行政や司法に訴える事案が国会への不服申立てには混在している。つまり請願法に定められたように，行政，司法，国会というような過程を辿らない場合もある。

聞き取りによると，選挙区国会議員団における実際の不服申立て処理方法は大きく4つある。第1は，内容により選挙区常任議員がその場で対応し解決すること，第2は，国会議員団会議に付し解決を図ること，第3は，国会議員団が協議し内容に応じて関係各機関に問題解決を要請すること，そして第4は，県に設置されている法律遵守委員会に問題を送り解決することであ

表2-1　第14選挙区サラワン県法律遵守委員会，事務局メンバー

	委員会メンバー	
1	第14選挙区国会議員団長	委員長
2	県人民裁判所長官	副委員長
3	第14選挙区国会議員団副団長	委員
4	県司法部長	〃
5	県公安部長	〃
6	第14選挙区常任議員	〃
7	県人民検察院長	〃
8	第14選挙区国会事務所長	〃
9	県天然資源・環境部長	〃
10	県官房副局長	〃
11	県農林副部長	〃
12	県軍事検察院[1]	〃
	事務局	
1	第14選挙区国会事務所長	局長
2	県人民裁判所副長官	副局長
3	県人民検察院副院長	副局長
4	県司法副部長	委員
5	県検査委員会副委員長	〃
6	県公安副部長	〃
7	県検査委員会請願解決部門長	〃
8	第14選挙区不服申立て・国籍・法務班長	〃
9	県森林部門長	〃
10	県土地紛争解決・検査事務所長	〃
11	県行政部門長	〃
12	県内務部長	〃

（出所）Khwaeng saaravan（2011）。
（注）1）文書には軍事検察院とだけ記されており役職は明記されていない。

る。法律遵守委員会とは行政や司法機関，国会議員などから構成され，県内の各機関が憲法や法律を遵守しているか監督するとともに，住民の不服申立てや訴えを審議する組織である（Khwaeng saaravan 2011）。内容が複雑でない場合は第1，第2の方法で対応が行われる。不服申立てが妥当であり，教育問題や保健・衛生問題など対応すべき行政機関が明らかな場合は，該当する機関に問題解決を要請する。しかし行政機関でも解決が困難な問題，とくに複数の分野にまたがる問題，または法的観点から審議が必要な案件は法律遵守委員会に送られる。

聞き取りでは，同委員会が第7期から設置されたとする県と以前からあると回答する県とあったが，6県に共通しているのは委員会が第7期から実質的に機能し始めたということであった[24]。その背景には，不服申立てに対して統一的に対処するという党の方針がある（*Phuthen Paxason*. January 1-6, 2013）[25]。

表2－1は第14選挙区サラワン県の法律遵守委員会と事務局メンバーである。表からわかるように，メンバーは司法機関や捜査機関の他，土地紛争に関連する農林や天然資源部門などの代表から構成されている。構成は県によって異なるが，全国で土地紛争が起きているため他県でも土地関連部門の代表がメンバーになっている可能性が高い。

法律遵守委員会は通常毎月1回会議を開催し問題について協議する。協議の中心的役割を果たすのは選挙区国会議員団と国会事務所である。サラワン県党常務委員会決定第83号（2011年8月18日付）第3条でも，国会議員団が中心となり不服申立てを協議すると定めている（Khwaeng saaravan 2011）。審議に必要な情報や証拠の収集は事務局が行い，委員会は訴訟や結果の公正さ，不服申立ての妥当性について審議する。その際関係各機関や個人を召喚し尋問することができる。ただ県によっては事務局レベルで解決する場合もある[26]。そして審議結果や回答は国会議員団を通じて不服申立人に通達する。問題解決が困難な場合は中央の国会常務委員会に送られることになる。では県レベルで実際にどの程度不服申立てが行われているのだろうか。

たとえば第15選挙区チャンパーサック県国会議員団では，2012/13年度に85件の不服申立書を受理した。そのほとんどが土地紛争に関するものである。85件のうち司法部門への不服申立てが42件，行政部門に対するものが43件あり，解決に至ったのは37件あった。解決方法は国会への問題送付が8件，裁判所の判決支持が10件，行政機関の決定支持が9件，裁判所に審議やり直しを命じたのが10件である（Saphaa haeng saat khana samaasik saphaa haeng saat kheet thii 15 2013）。

　一方第12選挙区カムアン県では，2012/13年度に議員団への相談を含め不服申立てを行った者は延べ259人いた[27]。選挙区議員団が審議した不服申立書は38件であるため，ほとんどは常任議員や国会事務所が相談の場で対応し解決が図られたと考えられる。司法や行政への不服申立数の内訳は不明だが，おもな内容は土地所有権問題，貸借契約問題，土地の補償問題などである。審議過程に入った38件のうち，選挙区議員団が解決したのは15件，県法律遵守委員会と協力し解決したのが17件，国会への問題送付が2件，審議中が4件となっている（Saphaa haeng saat khana samaasik saphaa haeng saat pacham kheet lueak tang thii 12 khwaeng khammwan 2013）。

　先述のように議員が不服申立てを受けるのは国会事務所だけではない。議員が村を訪問した際に不服申立てを受ける場合もある。第14選挙区サラワン県のウンチット議員が2013年4月1〜3日にコンセードーン郡を訪問し住民と会合をもった際，上水の整備や小学校建設などの要請や不服申立てが行われた。同議員は，関係各機関と連携し実際に調査するとともに，村と合同会議を開催し解決策を探るとその場で住民に約束している。このようにまずは解決の道筋を住民に示して対応することもある。このときの議員の対応について国会新聞は，「これは人民を安心させ，党・国家の指導に信頼をもたせるため」だと評している（*Phuthen Pasaxon*. April 15-21, 2013）。まさに国民の不満や要望に順応的に応じることで，党・国家との一体感を形成するということだろう。

　また県によっては法律遵守委員会とは別に，関係各機関を召喚し不服申立

てを協議することもある。第6選挙区ルアンパバーン県は2012年5月末に，不服申立てを審議するための会議を開催した。参加者は選挙区常任議員1名，非専従議員1名，県・党検査委員会，県官房，県司法部，ルアンパバーン郡天然資源・環境事務所，空港建設プロジェクト，ゴルフ場建設プロジェクトの代表，N村の村長などである。会議では，N村における住民同士の土地所有権問題，空港建設における土地補償問題，ゴルフ場建設における土地補償問題の3件について協議し，会議議事録に沿って解決するよう関係各機関に指示が出された（*Phuthen Pasaxon*. June 11-17, 2012）。この会議の特徴は議員団が法律遵守委員会とは別の会議を招集し，問題の当事者たちを召喚したことである。

　資料や聞き取りの制約もあり，具体的な問題がいつ誰から提出され，会議でどのような協議が行われ最終判断が下されたのかなど，詳細を把握できる事例は確認できていない。しかし以上の限られた情報からでも県レベルで多様な問題解決メカニズムが働き，国民の不服申立てに対して何らかの対応をしていることは把握できる。

　つぎに国会での過程をみよう。不服申立対応で中心的役割を果たすのは，国会請願・国籍局と法務委員会である。国会が地方からの不服申立てを受けた後，同局は必要に応じて関係各機関と連携し追加の情報を加え，申立てや証拠などを審議する。そして裁判所の判決支持/不支持の決定については，法務委員会が最終承認を行う。支持の場合は国会常務委員会名義で同意書を司法省と裁判所に公布し，判決の執行を求める。不支持による審議見直しの場合も同様に，国会常務委員会名義で検察院に対して同意書を公布し捜査のやり直しを求める。一方行政問題については，経済問題は経済・計画・財政委員会に，文化・社会問題は文化・社会委員会で審議，最終決定が行われ，結果については同様に国会常務委員会名義の同意書が公布される。このように通常は国会請願・国籍局や各委員会が問題に対応し，国会常務委員会が直接協議することはほとんどないという[28]。

3. 小括

　以上の不服申立て過程からは，国会や国会議員が中央と地方の2つのレベルにおいて，国民の不満に直接応答するとともに，行政と司法機関の権力の逸脱や不正を監督し，国民と両機関の間に入り問題解決の媒介機能を果たしていることがわかった。つまり国会は国民に直接応答する「垂直的アカウンタビリティ」，行政と司法機関に対する「水平的アカウンタビリティ」，そして国民と両機関の間の媒介として「代理アカウンタビリティ」を果たしているのである。国会がもつアカウンタビリティ機能とは，行政や司法に対して直接的制裁を科すことではなく，両機関の決定が妥当ではないと不支持を表明し見直しを求めること，また国会や国会議員が直接国民に応答することで果たされる。このように国民は複数回の不服申立てが行え，国会がそれを拒絶することなく順応的に対応すれば，仮に最終決定に不満であっても当該者が党や国家に不信感を抱く可能性は低いと考えられる。

第3節　ホットラインへの対応

　ホットラインは2005年の第5期第7回国会から導入され，第6期国会（2006〜2010年）から実際に機能するようになった。不服申立てと異なりホットラインは電話などを通じて気軽に利用でき，とくにここ数年で利用者が増えている。以下ではまず，ホットラインのインプット機能と問題点を確認し，つぎに2013年から整備されている新たなアウトプット機能についてみることにする。

1. インプット機能と制度の問題点

　ホットライン導入の目的は国会審議中の法案や案件に関して国民から幅広く意見を募ることであった。しかし国民から寄せられる意見は国会での審議案件に限らず，社会問題や汚職，生活における不満など多岐にわたっている。第6期第1回国会でホットラインを活用したのは延べ100人にも満たなかったが（Saphaa haeng saat suun khoo muun khaaw saan lae hoong samut 2006, 243），第7期国会以降は1回の会議で約300件～500件以上の電話がくるようになった。2015年7月に開催された第7期第9回国会では1000件以上の電話があり，数多くの意見が寄せられている。これは国民の不満拡大とともに携帯電話の普及によるところが大きい[29]。

　会期中，国民から寄せられた意見はリストにまとめられ国会議員に毎日配布される。国会終了後には，国家機関や県ごとに意見や質問が整理され，『ホットライン集』としてまとめられる。国民は意見表明の際に居住地や氏名を明らかにする者もいれば，匿名の者もおりさまざまである。

　当初，ホットラインへの対応方法は大きく2つあった。第1は，会期中に配布される意見リストを基に，議員が重要と思われる問題を審議の場でとりあげ，政府関係機関に問題解決を促すことである。その様子はテレビやラジオ，また新聞などを通じて報道されるため，国民は問題への政府対応を知ることができる。

　たとえば，2006年12月の第6期第2回国会でトーンバン公安大臣（当時）が[30]，警察が不適切な車両検問により罰金を徴収しているというホットラインを通じて寄せられた意見に対して答弁を行った。大臣は警察であっても違法行為は取り締まりの対象になり，適切な対応をとるよう指示したと述べた（*Vientiane Times*. December 15, 2006）。これは全国的にも関心が高い問題であるため大臣がすぐに回答したと考えられる。

　2010年6月の第6期第9回国会では，セコーン県ターテン郡の住民から同

地でゴム植林を行う外国企業と住民の土地紛争を検査し，企業への土地コンセッションを停止するようホットラインを通じて要請があった（Saphaa haeng saat suun khoo muun lae hoong samut 2010）。外国企業により住民の耕作地が奪われているというのである。そして本会議では同県選出のポンペット議員がこの問題をとりあげた。同議員によると企業は住民への土地の移譲，周辺のインフラ建設，雇用創出などを約束したがどれも実施せず，また県からの要請にも応じないため，政府の介入を求めたのである（*Vientiane Times*. June 17, 2010）。もともと県内で問題だったということもあるが，これはホットラインを通じて寄せられた地元の問題を議員が本会議でとりあげた一例でもある。

　第2は，国会事務局が集約した意見を政府官房を通じて関係各機関に送り，問題解決を要請することである。そして国会議員は配布された意見リストを基に，選挙区の問題が対応されているかどうかをフォローアップする（*Vientiane Times*. December 29, 2006; July 14, 2008; July 1 , 2010, July 5, 2012）。しかし1回の会議で数百件の意見や不満が寄せられるため，そのすべてに対して行政機関が対応し，議員がフォローアップするのは事実上不可能である。実際は以上のように重要な問題や国民の関心が高い問題だけがとりあげられ対応されてきた。

　したがって国民の間には，自身が提起した問題がなかなか対応されないことに対する不満が徐々に募っていった。2012年6月〜7月に開催された第7期第3回国会においてパンドゥアンチット国家建設戦線議長は，国会議員が人々の問題を関係各機関に提起し問題解決を行うことにあまり積極的でないと批判した。とくに遠隔地域の住民の問題に対して注意が払われていないとし，そのために人々はホットラインを通じて何度も同じ問題を提起してくると指摘している（*Vientiane Times*. July 3, 2013）。

　このような批判を受けてパニー国会議長は，国会事務局に対してホットラインの意見も含め人々の懸念に迅速に対応し，政府機関からの回答はメディアを通じてすぐに国民に通知するよう指示を出した。ヴィセート国会事務局

長は，対応の遅さとともに結果が国民に通知されないという問題もあり，人々が質問の回答を確実に得られるチャンネルの構築が必要になったと述べている（*Vientiane Times*. July 5, 2013）。

　以上のようにホットライン設置以降，制度は徐々に浸透し国民が多様な意見や不満を国会に伝えるようになった。国民が自由に意見表明でき一部でも問題が解決されるならば，短期的には国民の支持を獲得できるだろう。しかし当然のことながら多くの国民は自身が提起した問題への回答を求める。長期に国民の支持を獲得するにはインプット機能だけでなく，アウトプットを通じた相互作用による信頼構築が必要なのである。

2．メディアを通じたアウトプットメカニズム

　パニー国会議長の指示を受けて国会事務局はすぐに対応に乗り出した。まず *Phouthen Pasaxon* 第44号（2012年11月12〜18日付），第45号（同年11月19〜25日付）にて，第7期第3回国会中にホットラインを通じて寄せられた労働・社会福祉省への意見・質問に対する同省の回答を掲載した。断片的な形ではなく，質問と回答の詳細が新聞に掲載されたのは初めてのことである。

　表2−2は第3回国会の『ホットライン集』に記載された労働・社会福祉省への国民の意見・質問，表2−3は新聞に掲載された質問と回答である。『ホットライン集』に記載されている質問は全部で20件，新聞での質問・回答は16件と数が一致しない。しかし類似の質問も多く，2つの表を比較するとほぼすべての質問に対する回答が新聞に掲載されていることが確認できる。

　回答をみると，たとえば傷病兵への給付金や手当て，社会保険，中国＝ラオス高速鉄道計画など，これまであまり国民に知られていなかった政策が詳細に説明されている。このように各質問に丁寧に回答しメディアを通じて国民に通知されれば，質問者だけでなく同様の関心をもつ多くの人にも政府の政策や対応を周知できる。一方で今回の回答は第3回国会終了から約4カ月後の掲載であり対応としては遅かった。

表 2-2 『ホットライン集』に記載された労働・社会福祉部門への質問

	質問人	内容概略
1	ヴィエンチャン県、ヒンフープ郡、ナーターイ村住民	定年退職したが年金を受け取っていない。
2	プービアマイニング社の労働者	時間外や休日労働でも残業手当が出ない。労働法に沿って指導して欲しい。
3	不明	国家に貢献した傷病兵で未だに何の恩恵を受けていない者もいるので再度調査して欲しい。
4	ポーンケーン兵舎の兵士	病院で軍人の社会保証証は軍病院でしか使用できないと言われた。首都ヴィエンチャンのすべての病院で軍人専門の医療サービス担当を設置して欲しい。
5	セコーン県、ラマーム郡、ノーンミーサイ村住民	社会保険証でサービスを受けられない。病院は現金で支払う患者しか受け付けない。
6	ボケオ県、フアイサーイ郡、ナムプック村住民	貧困削減のため北部諸県に職業訓練学校を設置して欲しい。
7	内務省職員	男女平等について。定年年齢が男女で異なる。同じにするよう何年も議論されているがどうなったか？
8	ルアンパバーン県、ゴイ郡退職者	社会保険の活用や規定について。
9	不明（手紙）	労働・社会福祉省検査局は正しく業務を行っていないため政府は労働・社会福祉省を検査するべきである。
10	首都ヴィエンチャン、シーコータボン郡、ポンサワン村住民	病院は社会保険での治療を受け付けてくれず、現金でないと良い薬がもらえない。
11	ルアンパバーン県、ルアンパバーン郡、パークセン村住民	1960年〜1980年まで勤務し定年前に退職したが退職金を受け取っていない。これまで県当局に問題解決を要請しているが一向に解決されない。
12	首都ヴィエンチャン、サイタニー郡住民	失業者が多く、それを理由に窃盗も増えているので失業問題を解決して欲しい。
13	首都ヴィエンチャン、シーコータボーン郡、ノンブアトーン村住民	傷病兵への給付金を当局に申請しているがたらい回しにされ一向に解決されない。
14	不明	傷病者への給付金申請を1991/92年から行っているが何も受け取っていない。
15	首都ヴィエンチャン住民（手紙）	土地に関する首相令第194号はすべての人に適用されるのか？
16	ルアンパバーン県ゲリラ隊員	ジャングルでの戦闘に従事し現在は障害を負っている。給付金の支給を検討して欲しい。
17	フアパン県、フアムアン郡、フワムガーン村住民	戦争での死亡給付金を1960年から申請している。県労働・社会福祉部は申請書を見直して欲しい。
18	不明	労働・社会福祉省は労働法を厳格に執行し労働管理が人民にとって公平になるようにして欲しい。
19	ルアンパバーン県、パークセーン郡、セーン村住民	これまで傷病給付金を申請しているが未だに受け取ってない。第6選挙区国会議員は問題を解決すべき。
20	定年退職者（手紙）	（革命貢献者への政策について）車の割当や家屋建設費の支給等の政策を選挙区の国会議員にも熟知して欲しい。そして県当局が正しく政策を実行しているかどうかを見直して欲しい。

（出所）Nuaygaan thoolasap saai dwan saphaa haeng saat (2012, 73-76)。

表 2-3 労働・社会福祉省による新聞での回答

	質問者	質問概略	回答概略
1	首都ビエンチャン，サイセーター郡年金受給者	年金生活者の子供の扶養手当支給について	2012年2月14日付け労働・社会福祉省指導書第172号に基づき18歳以下の扶養手当を月に1万9000キープ支給している。
2	ルアンパバーン県，同郡，パークセン村の退職者	1960年～1980年まで勤務し定年前に退職したが退職金を受け取っていない。これまで県当局に問題解決を要請しているが一向に解決されない。	政府は革命功労者に対する特別政策を首相令第343号に沿って実施しているが予算が十分でない。また労働・社会福祉部門はリストを再検査している。
3	ルアンパバーン県のゲリラ隊員	ジャングルでの戦闘に従事し現在は障害を負っている。給付金の支給を検討して欲しい。	政府は傷病兵に対して特別種，第1種から4種などに分けて給付金を支給している。特別種の人には家屋一軒（1億5000万キープ相当）を提供している。したがって自身がどの条件に適するのかを村行政に検査してもらい，その後郡や県に担当してもらうと良い。
4	記載なし	セコーン県で革命の英雄と認定された個人がこれまでに何も受け取っていない。	首相令第343号第5条第1項は，政府は1954年以前に革命に従事した者，国家英雄，傷病兵等に住居の提供を行うことを定めている。国家英雄については2000万キープの支給など現金および現金に代わる車の割当についても定めている。
5	記載なし	土地に関する首相令第194号はすべての人に適用されるのか？	政府は家屋1軒と土地1区画（800m²以下）の所有権の転換を2003年10月21日付土地法第42条に沿って実施している。対象は首相令第343号で定められている。①国家英雄，模範兵士，1954年以前に参加した革命烈士には無償支給，②1955-1965年の革命参加者は10年以内に価格の40％を政府に支払う，③1966-75年の革命参加者は10年以内に価格の60％を政府に支払うこととなっている。
6	記載なし	国家に貢献した傷病兵で未だに何の恩恵を受けていない者もいるので再度調査をして欲しい。	3番で回答済み。
7	定年退職者	（革命貢献者への政策について）車の割当や家屋建設費の支給等の政策を選挙区の国会議員にも熟知してほしい。そして県当局が正しく政策を実行しているかどうか見直して欲しい。	政府は1954年以前に革命に参加し，革命経験が10年以上または死亡した者を国家英雄，模範兵士，革命烈士に分類し，現金に代わる車の割当政策を実施している（省略）。
8	シェンクアン県，ノーンヘート郡の教師	革命貢献者への政策について。上級から履歴書を提出するように指示を受けそのようにしたがこれまで何の音沙汰もない。	首相令第343号は政策対象となる者を次のように定めている；国家英雄，模範兵士，1954年以前に革命に参加した革命烈士，戦闘による傷病兵，1975年以前に党員・職員になった者。これらの対象者は郡レベルと県レベルの委員会に書類を提出し，県委員会がリストを労働・社会福祉省に提案し，省が計画を立てて政府を通じて国会に予算承認を申請する。

	質問者	質問概略	回答概略
9	記載なし	ASEAN経済共同体への参加準備が整っていない。労働者は教育レベルは低く技術もない。朝8時から夜9時まで縫製工場で働き休憩時間もなく、食事も満足にとれない。このような労働環境について省や労働連盟職員が調査に来るが企業の情報だけを得て、また衣服等をもらって帰ってしまう。頼りは国会議員だけである。	ASEAN経済共同体のために労働・社会福祉省は労働者の育成計画を立て、さまざまな手法によって質の良い労働者の育成に励んでいる。現在省管轄の労働技術開発センターは7カ所あり、その内地域センターが3カ所、県センターが2カ所、民間が2カ所である。この他にも大衆組織の研修センター等がある。
10	記載なし	後期中等学校を卒業したが就職先がない。これは社会問題である。	政府は学生が職業訓練学校にて無償で訓練を受けられるよう推奨している。しかし前期・後期中等学校卒業者は職業訓練学校への入学を好まない。また政府は国内での雇用の分配や国外への派遣も推進している。自分で労働市場の情報を得ることも重要である。
11	ボケオ県ファイサーイ郡ナムプック村住民	貧困削減のために北部に職業訓練学校を拡大すること、第5選挙区国会議員は労働者育成のための財源を獲得し、農村開発委員会には人民への研修を要望する。	北部の労働技術開発センターはウドムサイ県にある。またボケオ県には金属溶接学校があり、両校で毎年200人以上を育成している。卒業生の70%は関連職業に就いている。他にもボケオ県、ウドムサイ県、シェンクワン県、ルアンパバーン県に職業訓練学校がある。
12	記載なし	中国=ラオス鉄道計画において外国人労働者とラオス人労働者の活用計画はどうなっているのか？	労働・社会福祉省は鉄道計画の事務局、中国側と協力し労働者計画の作成に携わってきた。労働者は全部で5～6万人を想定し各時期によって配分する。線路の調査では中国人労働者、線路敷設では中国人とラオス人労働者を活用する。ラオス人労働者はウドムサイの労働技術開発センターで重機の扱いについて訓練を受ける。建設ではルアンナムター、ウドムサイ、ルアンパバーン、ヴィエンチャンの各県と首都ヴィエンチャンが労働者を提供する。中国人の労働移民についてはボーテン国境を拠点として関係各機関が書類手続きを行う。
13	サワンナケート石膏会社職員	石膏採掘企業は以前国有企業であったが2010年から民間が資本参加し業績が悪化した。そのため労働者の一部が退職したが未だに退職金や手当てを受け取っていない。	このようなことは民営化の際に起きることである。問題は手当ての未払いではなく金額の計算方法や金額への不満であろう。この問題は現在国有企業改革委員会と労働連盟が協力して解決に取り組んでいる最中である。
14	首都ヴィエンチャンのクアディン市場の労働者	市場に物乞いが多く商売の邪魔になっている。	労働・社会福祉省は首都ヴィエンチャン労働・社会福祉部に問題解決を命じた。2012年6月20日付けの報告では、首都ヴィエンチャンの路上では物乞い、精神異常者、孤児などあわせて296人を確認した。首都の人口の0.0052%である。とはいえ、これらは社会の否定的現象の1つである。したがって首都、郡、村レベルの問題解決小委員会を任命した。また一部は施設などに収容した。

	質問者	質問概略	回答概略
15	セコーン県ラマーム郡ノーンミーサイ村住民	社会保険を活用し病院に行っても診療が受けられない。現金を払えば受けられる。	2009年1月28日付けの社会保険機構規則第06号では社会保険を適用できるのは使用者が選定した特定の病院となっている。しかし緊急の場合や他県にいる場合などは、どの病院でも診療を受けることができる。ただし診療後72時間以内に選定病院、社会保険機構、またはその支部に通知しなければ支払いは使用者負担となる。
16	シェンクアン県モーク郡の教師	病院が社会保険使用者に対して不当な扱いをする。	2011年12月23日付けの社会保険機構とシェンクアン県教師病院の契約によると、病院はその他の患者と平等に社会保険使用者に対して治療を施さなければならない。

（出所）*Phouthen Pasaxon*, November 12-18, 2012, No.44; November 19-25, 2012, No.45.

　国会事務局は改善策として、第7期第4回国会から省庁に対して回答書の送付を要請するようになった。たとえば国会事務局は第4回国会終了日の2012年12月19日に天然資源・環境大臣、エネルギー・鉱業大臣、公共事業・運輸大臣、工業・商業大臣、農林大臣、財政大臣に対して、第4回国会中にホットラインで寄せられた質問に対する回答書を2013年1月28日までに国会経済・計画・財政委員会に提出するよう通達第0447号を公布した（*Phouthen Pasaxon*. December 24-31, 2012）。

　通達第0447号では、これまで人民の声に対して国会の回答がなかったことが問題視され、「人民の意見を重視するとともに、人民が国会や国会議員に対して意見を述べ、国会に参加するという民主的権利の執行を促進し、各選挙区の国会議員が人民の代表であるという意識を高めるため」に回答を行う必要があると記されている（*Phouthen Pasaxon*. December 24-31, 2012）。ブアカム経済・計画・財政委員会副委員長は、省庁への回答要請は人々に満足感を与えるためだと述べている（*Phouthen Pasaxon*. March 4-10, 2013）。つまり第7期になると、民意反映というインプット機能に加えて、国民の不満解消のためにアウトプット機能の構築がめざされるようになったのである。

　しかし期日通りに回答を寄せた省はほとんどない。2月末時点で回答を提出したのは財政省と工業・商業省だけであった（*Phouthen Pasaxon*. March 4-10, 2013）。とはいえ回答未提出の省庁名は公表され、プロセスの透明性向

上という点でも改善がみられる。これまで回答の進捗具合について何も伝えられなかった国民にとっては大きな変化だろう。各省庁の回答は3月から*Phouthen Pasaxon*にて徐々に掲載されるようになり，それ以降も回答書の掲載は国会終了数カ月後に定期的に掲載されている。そして国民への回答は新聞だけでなくラジオによっても普及されるようになった。

　国会は自身のラジオ番組を通じて積極的な成果普及活動を行っており，2013年からは週1回の放送を週2回に増やした。しかしインフラの未整備により全国どこでも国会のラジオ番組を聴取できるわけではない。そこで各県の国会事務所が県独自のラジオ番組「人民代表」を始めるようになった。たとえば第2選挙区ポンサリー県は2013年1月9日から「人民代表」を週1回放送している。番組開始の目的は，遠隔地域の国民が党の路線や国家の経済計画を知るとともに，有権者を国会活動に参加させ国会を通じて政府行政に送った提案や質問をチェックし，明確な回答を得るためだとしている（*Phouthen Pasaxon*. January 21-27, 2013）。

　また第7期第7回国会（2014年7月5日〜25日）からは国会事務局が会期中に記者会見を設定し，ホットラインで質問を受けた政府機関が召喚され回答を行うようになった。第4回国会以降，国会事務局が政府行政機関に文書で回答を要請したものの，期日通りに回答が提出されず迅速な回答を求める国民の不満が解消されなかったことが背景にある（*Vientiane Times* July 17, 2014）。先述の回答書の送付先も国会だったように，記者会見も国会事務局が設定しわざわざ国会の場で開催している。これは国会が国民の代表として，国家機関と国民の間に立ち問題解決の媒介機能を果たしていることを明確に表している

　第7回国会では会期中にホットラインを通じて524件の電話があった（*Vientiane Times*. August 1, 2014）。記者会見は確認できるだけで7月16日，18日，23日，25日，8月5日，21日に行われ[31]，国民の質問に回答している。これまで回答に数カ月要していたことを考えれば大きな変化といえる。参加したのは財政省，農林省，天然資源・環境省，エネルギー・鉱業省，工業・商業

省，公共事業・運輸省，郵便テレコミュニケーション省，中央銀行，ラオス電力公社である。回答者は大臣，副大臣，局長や副局長などさまざまであり，同じ機関が複数回の会見を行うこともある[52]。会見の内容はテレビ，ラジオ，新聞でも報道されるため国民はすぐに質問への回答を知ることができる。

　以上から，国民が意見や不満を伝達するインプット機能として始まったホットラインが，徐々にアウトプット機能を備えるようになったことがわかった。国会が中心となり，新聞，テレビ，ラジオなど，メディアを通じて質問の当事者だけでなく，幅広い国民に問題とそれに対する政府の回答を周知するようになったのである。

3．質問と回答の種類

　2012年11月から2014年8月までに *Phouthen Pasaxon* に掲載された政府行政機関への質問とそれに対する回答を大きく分類すると表2 − 4のようになる。まず質問は(1)国家・国民全体にかかわる問題，(2)特定分野・地域の問題，(3)特定の開発プロジェクトに関する問題，そして(4)個人の問題に分類できる。また回答内容を整理すると(1)問題についての状況・法的説明やアドバイス，(2)(中央・地方行政機関による)問題解決の約束，(3)(中央・地方行政機関による)問題解決の報告，(4)政府政策・対応の正当化の4種類に分類できる。以下にいくつか具体例を示す。

（1）国家・国民全体にかかわる問題，政府政策の正当化
質問：現在の電気料金は高すぎる。なぜか？
エネルギー・鉱業省の回答：改正電力法第47条，48条は電気料金について，国家の経済・社会開発状況に即して，また使用目的や消費者の種類によって決定すると定めている。投資や電力システムの費用も賄う必要がある。我が国は電力生産に適した条件にあり，これまで23プロジェクトが終了し3200メガワットの発電能力を有する。そのうち

第2章　ラオスにおける国民の支持獲得過程　95

表 2 − 4　質問内容と回答内容

質問先	労働・社会福祉省	農林省	チャンパーサック県	工業・商業省	情報・文化・観光省	天然資源・環境省	エネルギー・鉱業省	教育・スポーツ省	ボリカムサイ県	サワンナケート県天然資源・環境部	首都ヴィエンチャン農林部
質問の種類											
1 国家・国民全体にかかわる問題	8	4		4	1	2	5	1			
2 特定分野・地域の問題	3	24	1	1	4	17	2	13	2	2	10
3 特定の開発プロジェクトにかかわる問題	1	2				33	3				
4 個人の問題	5	1				5					

回答機関	労働・社会福祉省	農林省	チャンパーサック県	工業・商業省	情報・文化・観光省	天然資源・環境省	エネルギー・鉱業省	教育・スポーツ省	ボリカムサイ県	サワンナケート県天然資源・環境部	首都ヴィエンチャン農林部
回答の種類											
1 状況・法的説明、アドバイス	12	23	1	3	3	38	4	12			2
2 問題解決の約束	3	5		2		13	1		2	1	8
3 問題解決の報告		3			1	5	1			1	
4 政府政策・対応の正当化	2					1	4	1			

質問先	計画・投資省	郵便・テレコミュニケーション省	財政省	ラオス銀行	ウドムサイ県	ルアンパバーン県	サイニャブリー県	科学・技術省	公共事業・運輸省	電力公社	スターデレコム	開発宝くじ公社
質問の種類												
1 国家・国民全体にかかわる問題			8				1					
2 特定分野・地域の問題	7	2	7				1	2	3	2	1	1
3 特定の開発プロジェクトにかかわる問題			1						15			
4 個人の問題			1						6			

回答機関	計画・投資省	郵便・テレコミュニケーション省	財政省	ラオス銀行	ウドムサイ県	ルアンパバーン県	サイニャブリー県	科学・技術省	公共事業・運輸省	電力公社	スターデレコム	開発宝くじ公社
回答の種類												
1 状況・法的説明、アドバイス	5	1	13	1	1	1	2		14	1	1	1
2 問題解決の約束	2	1							7	1		
3 問題解決の報告		1	1					2	2			
4 政府政策・対応の正当化			2						1			

(出所)　*Phouthen Pasaxon* 2012/11/12-18, No.44; 2012/11/19-25, No.45; 2013/1/7-13, No.52; 2013/3/25-31, No.63; 2013/4/15-21, No.66; 2013/5/6-12, No.68; 2013/5/13-19, No.69; 2013/5/20-26, No.70; 2013/5/27-6/2, No.71; 2013/9/23-29, No.88; 2013/9/30-10/6, No.89; 2013/12/23-29, No.101; 2014/7-13, No.116; 2014/4, No.117; 2014/4/21-27, No.118; 2014/4/28-5/3, No.119; 2014/5/5-11, No.120; 2014/5/12-18, No.121; 2014/6/2-8, No.124; 2014/6/9-15, No.125; 2014/6/16-22, No.126; 2014/7/21-23, No.134; 2014/7/24-27, No.135; 2014 8/4-6, No.137; 2014/7/31-8/3, No.138; 2014/8/7-10, No.139; 2014/8/14-17, No.140; 2014/8/25-27, No.144.

14プロジェクトが国有企業，9プロジェクトが国内外の民間投資である。国内への供給はラオス電力公社が国内で電力生産を行う企業から購入して賄っているが，送電線網の関係で国境地域はベトナム，中国，タイから電力を輸入している。輸入額は高く輸入のためには資金が必要だが消費者の未払い金は現在4000億キープ以上ある。消費者も電力を使用するのであれば料金を支払う義務を怠ってはならない。われわれの電気料金は今後10年間のインフラ投資を見越して算出されている。現在の普及率は87.34パーセントだが2020年には90パーセントとし，また経済成長により電力消費が年間15-20パーセント増えると見込まれている。したがって2011年から2017年まで毎年2パーセントずつ引き上げられる（*Phouthen Pasaxon*. May 20-26, 2013; April 21-17, 2014)。

（2）特定分野の問題，政府政策・対応の正当化

質問：削減された公務員手当て76万キープの復活を希望する。今年度はどのように考えているのか？

財政省の回答：手当ての支給は生活費高騰に対する一時的な措置であり，国家公務員や職員の生活をより良くするためであった。しかし手当ての支給を行った結果，財政的な問題が生じ支出が困難をきわめたため，マクロ経済の安定を目的に2013/14年度は手当ての支給を中止した。2012/13年度は給与と手当てだけで支出の58パーセントを占めた。手当てをカットしても給与が政府支出の44パーセントを占めている。2013/14年度は公務員や職員の生活改善のために基本給の係数を4800キープから6700キープへと引き上げている。これにより生活費の問題は基本的に解決できると考えられる。2014/15年度は引き続き予算上の制約があるため給与引き上げは通常の昇給しか実施されない（*Phouthen Pasaxon*. July 24-25, 2014)。

（3）特定地域の問題，問題解決の約束

質問：首都ヴィエンチャン，チャンタブリー郡の飲食店の騒音被害を解決して欲しい。

情報・文化・観光省の回答：観光管理局は2013年2月8日に調査を行った。店はチャンタブリー郡に位置し，音楽やカラオケを大音量で流し近隣住民の騒音になっている。また駐車場が併設されていないため路上駐車が通行の妨げにもなっている。営業許可書は県情報・文化・観光部から公布され，管理は郡情報・文化・観光事務所の管轄であるため，両機関が調査し報告書をまとめた。すでに2012年に店側に対して指導が行われたが改善されていない。県と郡の情報・文化・観光部門と店があるポンサワート村行政が協力し問題を解決する（*Phouthen Pasaxon* April 15-21, 2013）。

（4）特定の開発プロジェクトの問題，状況・法的説明

質問：セコーン県ターテン郡で住民の土地がベトナム企業のゴムプロジェクトで収用された。代替地を与えられたが栽培に適してなく生活が困難になっている。土地を再度調べて欲しい。

天然資源・環境省の回答：ベトナム企業によるゴムプロジェクトのコンセッション面積は3000ヘクタール以上，期間は50年であり，セコーン県ラマーム郡とターテン郡の一部の土地が影響を受ける。企業はこれまでに土地証書がある住民の1433ヘクタールの土地に対して14億キープの補償費を支払っている。しかし一部の住民は受け取りを拒否している。提起された問題に対して県では委員会を設置し調査にあたった。代替地は平地であり傾斜地は5～15パーセントしかなく，80パーセントは埋め立ての砂地で砂利や岩地は20パーセントしかない。これらの土地151ヘクタールを124世帯に配分した。38世帯だけがこの土地での生産を拒否している（*Phouthen Pasaxon*. May 5-11, 2014）。

（5）個人の問題，状況・法的説明

質問：83歳の退役軍人である。自分の息子がチャンタブリー郡天然資源・環境事務所で勤務しているがボランティア職員でありまだ正職員として採用されていない[53]。国家に貢献した退役軍人への特別策として息子に公務員割当を与えて欲しい。

天然資源・環境省の回答：天然資源・環境省の公務員割当数は2011/12年度が400人，2012/13年度は200人，2013/14年度は260人であり，必要に応じて公平に振り分けている。毎年内務省の指示にしたがって試験を実施した上で職員を雇用しているが，契約職員でかつ長期に勤務する者，または35歳を超える者には優先的に割当を付与している。また革命烈士の子息には特別枠があり，内務省が承認すれば当該者は（通常2回の試験のところ－筆者注）1回の試験でよい。質問者の子息は2013年にボランティア職員となりまだ1年しか経験がない。チャンタブリー郡事務所の割当数は1人であったためより経験がある者に割当を供与した（*Phouthen Pasaxon*. July 31-August 3, 2014）。

以上は質問と回答内容の一部である。個人の問題や地域の問題など，本来であれば国会や中央政府の管轄外の問題に対しても丁寧に対応し，一部は問題が解決されている。問題が解決されれば当然国民の支持は高まるだろう。電気料金やセコーン県の土地問題など，住民が納得する結果に至らない場合であっても，国会が媒介機能を果たすことで省庁や地方行政機関が質問を拒絶することなく何らかの応答を行っている。このように国民のインプットに順応的に応答するかぎり，国民の不満が制度外で表出する可能性は低いといえる。そして国民も不服申立てやホットラインを活用するようになっている。国会は国民の意見や不満を吸収し，多様なメカニズムにより応答することで，国民の支持獲得機関として大きな役割を果たしているのである。

おわりに

　2000年代に入り，国会は国民が意見や不満をインプットするメカニズムとして機能し始めた。しかし国民のインプットに対して国会は一部の問題しか対応しなかったため，国民の不満が徐々に募っていった。当然のことながら国民は自身のインプットに対するアウトプットを求めたのである。そこで国会は第7期からアウトプット機能を強化し，メディアを通じて迅速で詳細な回答を国民に通知するようになった。ブアカム経済・計画・財政副委員長がいうように，その目的は国民の満足度を上げるためである。

　国会へのインプット機能は不服申立てとホットラインの2とおりある。不服申立ては長年行われてきた実践の制度化だけでなく，国会，行政，司法の各機関が国民に対して「アカウンタビリティ」を果たすような制度設計が行われた。国会は具体的な問題解決策を示すわけではないが，行政と司法の判断見直しを決定し問題解決の媒介機能を果たす。また国会議員団や国会議員が直接国民に応答し問題を解決することもある。つまり国会は，「水平的アカウンタビリティ」「代理アカウンタビリティ」「垂直的アカウンタビリティ」を果たしているのである。そして実際に国民はこの制度を活用し選挙区国会議員団に不服申立てを行っている。具体的な事例は確認できなかったため，実際にどのような理由により行政や裁判所の判断を支持し，または両機関の決定を見直すのか詳細はわからない。しかし不服申立て過程を制度化し統一的に問題解決にあたろうということ自体，党指導部が国民の不満解消を重視していることの表れといえる。

　一方ホットラインでは，国会が政府行政機関に迅速な対応を要請し，メディアを通じて回答を全国に普及するようになった。国会が他の国家機関と国民の間に立ち媒介機能を果たしているのである（代理アカウンタビリティ）。今では国会開催中から記者会見を実施し，政府行政機関が国会の場でホットラインの質問に回答している。国民からの質問内容をみると国家全体の問題

から個人の問題まで幅広い。回答も問題解決の結果から，状況・法的説明，問題解決の約束，政策や判断の正当化まで多岐にわたる。もちろんすべての人が自身の選好に沿った回答を得るわけではない。問題によっては国民が納得しない回答もある。しかしこのように国会が国民と国家機関の間の媒介機能を果たして順応的に対応すれば，少なくとも不満が制度外に表出する可能性は低くなるだろう。相対的に国民の不満は緩和されるといえる。

序章にあるように，これまでの権威主義体制研究では，国会は反体制派の「取り込み」，体制内部の「コミットメント問題」の解決，そして「情報収集」機能を有することが指摘されてきた。そしてその前提には，体制内外の脅威をいかに緩和するかという独裁者の課題があった。つまり脅威への対応という観点から制度と体制維持の関係が論じられ，制度の機能分析が行われてきたのである。筆者もこれらの先行研究の知見に異論はない。しかし脅威の緩和を前提としたことで，制度の機能を一部に限定してしまったことは否めない。

ラオスの国会をみると，国民の意見や不満が国会に集中するような制度が構築され，国会がその他国家機関に対する「水平的アカウンタビリティ」，国民への「垂直的アカウンタビリティ」を果たすとともに，国民に代わって行政や司法機関に対して不支持を表明したり，また問題解決を促す「代理アカウンタビリティ」を果たし，積極的に国民の支持獲得をめざしていることがわかった。国会には多様なインプットとアウトプット機能があり，国民の不満を緩和し支持獲得機関としての役割を果たしている。これは人民革命党が体制内外の脅威緩和とともに，国民の支持獲得という課題を重視している結果だろう。つまり独裁者が直面する課題によって議会機能も異なり，独裁体制下の議会にはこれまで考えられてきた以上に多様な機能が備わっているのである。

〔注〕
(1) 本章でいう党＝国家体制とは塩川（1993, 36）の定義にしたがい，「単一支

配政党が重要諸政策を排他的に決定し，その政策が国家機関にとって直ちに無条件に義務的となり，かつ党組織と国家機関が機能的にも実体的にもかなりの程度オーヴァーラップしている」関係を指す。
⑵　たとえば1999年10月26日に行われた民主化デモの弾圧である。アジア経済危機により経済が低迷し，生活状況が苦しくなった教師や学生のグループが民主化デモを試みたが，デモは開始と同時に当局に包囲され複数のリーダー達が逮捕，監禁された（山田 2002, 135）。
⑶　1975年から1991年までは最高人民議会と呼ばれ，1991年8月の憲法制定の際に国民議会（国会）に改称された（Saphaa pasaaxon suung sut 1991）。
⑷　蒲島の議論は民主主義体制を前提としているが同様の議論は独裁体制にも当てはまるといえる。
⑸　管見の限りでは拙稿（2013）を除いてラオス国会や選挙に関して詳細な分析を行った研究はない。
⑹　たとえば代表的な研究として Schedler（2006），Gandhi（2008），Magaloni（2006），Levitsky and Way（2010），Svolik（2012），Dimitrov（2013a）等がある。
⑺　2011年に開催された第9回党大会政治報告でも党が国家への指導性を維持したまま国家機構の改善を行うという方針が述べられている（Eekasaan koongpasum nyai khang thii IX phak pasaaxon pativat lao 2011）。
⑻　党や政府は公式文書で国民（saat）を指す際に人民（pasaaxon）を使用することが一般的であり，2つの言葉は代替可能である。本章では党や政府の文書に依拠したときは「人民」と使用し，それ以外は他国でも一般的に使用される「国民」としている。
⑼　国会議員団とは各選挙区（＝県）で当該選挙区選出議員によって構成される組織であり，国会や国会常務委員会の補助機関と位置づけられている（Saphaa haeng saat 2011）。
⑽　聞き取りは，2013年8月27日に第1選挙区首都ヴィエンチャン国会事務所副所長，2012年8月6日に第6選挙区ルアンパバーン県国会議員団常任議員，2013年9月3日に第11選挙区ボリカムサイ県国会議員団常任議員，2013年9月2日に第12選挙区カムアン県国会議員団常任議員に行った。
⑾　主に県党書記，知事，党副書記，副知事，党常務委員会委員，党執行委員会委員である。
⑿　国家建設戦線とは，ラオスの政治，社会，大衆組織のすべてを統括する機関であり，国民の団結を促進し民族融和を図るとともに，国家建設に国民を動員する役割などを担っている。
⒀　和訳は山岡（2007）を参考にした。
⒁　粕谷・高橋（2015, 29）は応答性のみの場合を「ソフト・アカウンタビリテ

ィ」，応答性と制裁の両方を兼ね備えている場合を「ハード・アカウンタビリティ」と区別している。
⒂　括弧付きとしているのは強制を伴わない制裁が行われるアカウンタビリティであり，制裁を伴う民主主義体制のそれと区別するためである。
⒃　聞き取りはすべて筆者によって行われた。聞き取り相手と日付は以下の通りである。国会請願・国籍局長 K 氏（2015年1月6日），第1選挙区首都ヴィエンチャン国会事務所副所長 M 氏（2013年8月27日），第12選挙区カムアン県国会議員団常任議員 I 氏，B 国会事務所長，P 副所長（2013年9月1日），第11選挙区ボリカムサイ県国会議員団常任議員 M 氏，S 国会事務所副所長（2013年9月3日），第15選挙区チャンパーサック県国会議員団長 M 氏（2014年9月1日），第14選挙区サラワン県国会事務所長 S 氏，K 副所長（2014年9月3日），第13選挙区サワンナケート県国会議員団常任議員 S 氏，国会事務所長 T 氏（2014年9月4日）である。
⒄　国会は1996年から雑誌 *Phouthen Pasaxon*（人民代表）を発行していたが，2012年1月18日より週1回発行の新聞となった。2014年からは週2回発行となっている（*Phouthen Pasaxon*. January 13-19 2014）。
⒅　本章ではラオス語のアルファベット表記の際，長母音の場合は母音を2つ重ねて表記している。たとえば「アー」と発音する場合は「aa」という表記となる。しかし国会新聞は英語表記名を *Phouthen Pasaxon* とし，s の後の母音 a を重ねていない。そのため本章で参照している党機関紙 *Pasaaxon* と表記が異なっている。本章での原則に則れば *Phouthen Pasaaxon* となるが，国会新聞については新聞に記載されている英名に沿って表記することとする。
⒆　これは2011年2月3日に国家選挙委員会により公布された「第7期国会の人員構成準備に関する国家選挙委員会指導書第10号」で定められている（Khana kammakaan lueak tang ladap saat 2011）。実際には第6選挙区ルアンパバーン県のように選挙区の事情により常任議員を1人しか置いていない県もある。一方で，第1選挙区首都ヴィエンチャン，第10選挙区ヴィエンチャン県，第12選挙区カムアン県，第13選挙区サワンナケート県などは4人の常任議員を置いている（Saphaa haeng saat suun khoo muun khaaw saan 2012）。実際の専従議員の数は不明だが，3人の議長と副議長，7つの分科委員会の委員長と副委員長21人（委員長1人，副委員長2人で計算），そして各選挙区の常任議員を54人（18選挙区×3人）で単純計算すると78人となり総数132人の半数を超えていると考えられる。
⒇　選挙区国会事務所の地位については2006年国会法では第42条（Saphaa haeng saat 2007, 31），2010年国会法では第62条（Saphaa haeng saat 2011, 50-51）を参照のこと。
(21)　通常は国会事務所受付に提出する。ただし第1選挙区首都ヴィエンチャン

のように不服申立て受付専用部屋が設置されているところもある。しかし筆者が聞き取りを行った2013年8月27日時点で部屋はまだ活用されていなかった。また筆者が聞き取りを行った6県のうち首都ヴィエンチャン以外は不服申立て専用部屋は設けていない。
(22) 2015年1月6日，国会請願・国籍局長N氏への筆者による聞き取り。
(23) たとえば第1選挙区首都ヴィエンチャンや第12選挙区カムアン県国会事務所である。口頭での不服申立てを認める理由は定かではないが，読み書きができず書類作成が難しい住民が一定程度いるためと考えられる。
(24) チャンパーサック県，サワンナケート県，首都ヴィエンチャン，カムアン県，ボリカムサイ県では以前から同様の委員会があったとの回答を得たが，サラワン県国会事務所長は第7期から設置されたと述べている。
(25) 第15選挙区チャンパーサック県議員団長（2014年9月1日），第13選挙区サワンナケート県議員団常任議員，国会事務所長への筆者による聞き取り（2014年9月4日）でもそのような党方針を確認できた。
(26) たとえばサラワン県である。
(27) カムアン県の報告書ではチャンパーサック県と異なり不服申立書の数ではなく，不服申立人の延べ人数が記載されていた。また報告書の日付が2013年7月2日であるため正確には約9カ月間の活動報告と考えられる。ラオスの財政年度は10月1日から翌年の9月30日までである。
(28) 2015年1月6日，国会請願・国籍局長N氏への筆者による聞き取り。
(29) Ministry of Planning and Investment Lao Statistical Bureau（2014）によると2013年の携帯電話番号数は人口約664万人に対し448万件あり，固定電話等も含めると520万件となっている。
(30) 2015年5月の飛行機事故で死亡。
(31) *Phouthen Pasaxon* 第144号（2014年8月25～27日）までで確認できた記者会見開催日である。
(32) 参加機関と開催日は *Phouthen Pasaxon* と *Vientiane Times* による。
(33) ラオスでは国家機関が職員を雇っても，内務省によって各機関に配分される公務員割当数が不足しいる場合は正職員ではなく，ボランティア職員という扱いになる。つまり割当数以上に職員を雇用することから生じる問題である。

〔参考文献〕

＜日本語文献＞
蒲島郁夫 1988.『政治参加』東京大学出版会．

塩川伸明 1993.『終焉の中のソ連史』朝日新聞社.
鈴木基義 2002.「ラオス——新経済体制下の模索——」末廣昭責任編集『「開発」の時代と「模索」の時代』(岩波講座東南アジア史9) 岩波書店 257-279.
粕谷祐子・高橋百合子 2015.「アカウンタビリティ研究の現状と課題」高橋百合子編『アカウンタビリティ改革の政治学』有斐閣 17-54.
蓮生育代 2011.「アカウンタビリティーと責任の概念の関係——責任概念の生成工場としてのアカウンタビリティーの概念——」『国際公共政策研究』15(2) 3月 1-17.
山岡龍一 2007.「政治におけるアカウンタビリティ——代表，責任，熟議デモクラシー——」『早稲田政治経済学雑誌』(364) 7月 20-33.
山田紀彦 2002.「ラオス人民革命党第7回大会——残された課題——」石田暁恵編『2001年党大会後のヴィエトナム・ラオス——新たな課題への挑戦——』アジア経済研究所 121-151.
——— 2005.「市場経済移行下のラオス人民革命党支配の正当性——党政治・理論誌『アルン・マイ』における議論の変遷を中心に——」天川直子・山田紀彦編『ラオス 一党支配体制下の市場経済化』アジア経済研究所 27-70.
——— 2011.「『チンタナカーン・マイ』を再考する——ラオスを捉える新たな視座——」山田紀彦編『ラオスにおける国民国家建設——理想と現実——』アジア経済研究所 3-47.
——— 2013.「ラオス人民革命党の体制持続メカニズム——国会と選挙を通じた国民の包摂過程——」『アジア経済』54(4) 12月 47-84.

<英語文献>

Chang, Alex, Yun-han Chu, and Bridget Welsh. 2013. "Southeast Asia: Sources of Regime Support." *Journal of Democracy* 24(2) April: 150-164.
Cook, J. Linda. 1993. *The Soviet Social Contract and Why It Failed: Welfare Policy and Workers' Politics from Brezhnev to Yeltsin*. Cambridge: Harvard University Press.
Diamond, Larry, Marc F. Plattner and Andreas Schedler. 1999. "Introduction." In *The Self-Restraining State: Power and Accountability in New Democracies*, ed. by Andreas Schedler, Larry Diamond and Marc F. Plattner, Boulder: Lynne Rienner Publishers, 1-10.
Dimitrov, Martin K. 2013a. *Why Communism Did Not Collapse: Understanding Authoritarian Regime Resilience in Asia and Europe*. New York: Cambridge University Press.
——— 2013b. "Understanding Communist Collapse and Resilience." In *Why Communism Did Not Collapse: Understanding Authoritarian Regime Resilience in Asia and Europe*, ed. by Martin K. Dimitrov. New York: Cambridge University Press,

3-39.
────── 2013c. "Vertical Accountability in Communist Regimes: The Role of Citizen Complaints in Bulgaria and China." In *Why Communism Did Not Collapse: Understanding Authoritarian Regime Resilience in Asia and Europe*, ed. by Martin K. Dimitrov. New York: Cambridge University Press, 276-302.
Evans, Grant. 1990. *Lao Peasants under Socialism*. New Haven: Yale University Press.
Ezrow, Natasha M. and Erica Frantz. 2011. *Dictators and Dictatorships: Understanding Authoritarian Regimes and their Leaders*. New York: Continuum.
Gandhi, Jennifer. 2008. *Political Institutions under Dictatorship*. Cambridge: Cambridge University Press.
High, Holly. 2013. "Laos in 2012: In the Name of Democracy." In *Southeast Asian Affairs 2013*. Singapore: ISEAS, 137-152.
Levitsky, Steven and Lucan A. Way. 2010. *Competitive Authoritarianism: Hybrid Regimes after the Cold War*. Cambridge: Cambridge University Press.
Magaloni, Beatriz. 2006. *Voting for Autocracy: Hegemonic Party Survival and its Demise in Mexico*. Cambridge: Cambridge University Press.
Manin, Bernard, Adam Przeworski, and Susan C. Stokes. 1999. "Introduction." In *Democracy, Accountability, and Representation*. ed. by Adam Przeworski, Susan C. Stokes, and Bernard Manin, Cambridge: Cambridge University Press, 1-26.
Ministry of Planning and Investment. Lao Statistical Bureau. 2014. *Statistical Yearbook 2013*. Vientiane Capital: Ministry of Planning and Investment. Lao Statistical Bureau.
O'Donnel, Guillermo. 1999. "Horizontal Accountability in New Democracies." In *The Self-Restraining State: Power and Accountability in New Democracy*, ed. by Andreas Schedler, Larry Diamond and Marc F. Plattner, Boulder: Lynne Rienner Publishers, 29-51.
Rose, Richard, William Mishler and Neil Munro. 2011. *Popular Support for an Undemocratic Regime: The Changing Views of Russians*. Cambridge: Cambridge University Press.
Shedler, Andreas 1999. "Conceptualizing Accountability." In *The Self-Restraining State: Power and Accountability in New Democracies*, ed. by Andreas Schedler, Larry Diamond and Marc F. Plattner, Boulder: Lynne Rienner Publishers, 13-28.
────── 2006. "The Logic of Electoral Authoritarianism." In *Electoral Authoritarianism: The Dynamics of Unfree Competition*. ed. Andreas Schedler, Boulder: Lynne Rinner Publishers, 1-23.
Svolik, Milan W. 2012. *The Politics of Authoritarian Rule*. New York: Cambridge University Press.

<ラオス語文献>

Eekasaan koongpasum nyai khang thii VII khoong phak pasaaxon pativat lao［ラオス人民革命党第 7 回党大会報告書］2001.

Eekasaan koongpasum nyai khang thii IX phak pasaaxon pativat lao［ラオス人民革命党第 9 回党大会報告書］2011.

Kaswang nyutitham［司法省］2008. *Kot maai lae nitikham nai khoong kheet pok khoong lae nyutitham*［行政・司法分野の法律］, Vietiane: Kaswang nyutitham［司法省］.

Kaysone Phomvihane 1979. *Bot laaygaan laiat too koongpasum khop khana khang thii* 7 khoong khana boolihaangaan suunkaang phak pasaason pativat lao samay thii 2［第 2 期党中央執行委員会第 7 回総会への詳細報告］.

―― 1979. "Laaygaan kaan mueang khoong khana boolihaangaan suunkaang phak too koongpasum nyai khang thii V khoong phak pasaason pativat lao saneu dooy sahaay kaysoon phomvihaan leekhaa thikaan nyai khana boolihaangaan suunkaang phak"［ラオス人民革命党書記長カイソーン・ポムヴィハーン同志による第 5 回党大会への党中総執行委員会政治報告］*Alunami*, sabap phiseet 1991［『アルンマイ』1991年第 5 回党大会特別号］, 11-54.

Khana kammakaan lueak tang ladap saat［国家選挙委員会］2011. *Kham naenam kiawkap kaan kakiam khoongpakoop bukkhalakoon khoong saphaa haeng saat sut thii VII, leek thii 10*［第 7 期国会の人員構成準備に関する国家選挙委員会指導書第10号］.

Khwaeng saaravan［サラワン県］2011. *Mati tok long khoong khana pacham phak khwaeng, leek thii 83*［常務委員会決議第83号］.

Nuaygaan thoolasap saai dwan saphaa haeng saat［国会ホットライン班］2012. *Pamwan thoolasap saai dwan koongpasum samai saaman thoua thii* 3 khoong saphaa haeng saat sut thii VII khang wan thii 20 mithunaa-13 koolakot 2012［第 7 期国会第 3 回通常国会（2012年 6 月13日 - 7 月13日）ホットライン集］.

Saphaa haeng saat［国民議会］2003. *Latthathamanuun haeng saathaalanalat pasaathipai pasaaxon lao*［ラオス人民民主共和国憲法］.

―― 2007. *Kot maai vaa duay saphaa haeng saat*［国民議会法］.

―― 2011. *Kot maai vaa duay saphaa haeng saat*［国民議会法］.

Saphaa haeng saat khana samaasik saphaa haeng saat pacham kheet lueak tang thii 12 khwaeng khammwan［国会第12選挙区カムアン県国会議員団］2013. "Bot laaygaan kaan khouan wai viakgaan khoong khana samaasik saphaa haeng saat kheet lueak tang thii 12 khwaeng khammwan pacham pii 2012-2013"［第12選挙区カムアン県国会議員団の2012-2103年度活動報告書］.

Saphaa haeng saat khana samaasik saphaa haeng saat kheet thii 15［国会第15選挙区

議員団］2013. "Bot salup kaan khouan wai viakgaan khoong khana samaasik saphaa haeng saat pacham kheet lueak tang thii 15 khwaeng champaasak sok pii 2012-2013 lae thit thaang 2013-2014"［第15選挙区常駐国会議員団の2012-2103年度活動と2013-2014年度方針総括］.

Saphaa haeng saat suun khoo muun khaaw saan［国会データ・情報センター］2012. "Pamuan eekasaan koong pasum huam lawaang khana pacham saphaa haeng saat kap khana samaasik pachan kheet lueak tang khang wan thii 24-25 phutsaphaa 2012"［2012年5月24-25日に開催した国会常務委員会と選挙区常駐議員団の合同会議資料集］.

―――― 2013. "Pamuan eekasaan koong pasum samai saaman thua thii 5 khoong saphaa haeng saat sut thii Ⅶ"［第7期第5回通常国会資料集］.

Saphaa haeng saat suun khoo muun khaaw saan lae hoong samut［国会データ・情報センター・図書室］2006. "Pamuan eekasaan koongpasum khang pathom maluuk khoong saphaa haeng saat sut thii Ⅵ"［第6期第1回国会資料集］.

Saphaa haeng saat suun khoo muun lae hoong samut［国会データセンター・図書室］2010. "Kham saneu khoong pasaaxon phaan thoolasap saai dwan too koongpasum samai saaman thua thii 9 khoong saphaa haeng saat sut thii Ⅵ"［第6期第9回国会のホットラインを通じて寄せられた国民の提案］.

Saphaa pasaaxon suunsut［最高人民議会］1991. *Latthathamanuun haeng saathaalanalat pasaathipai pasaaxon lao*［ラオス人民民主共和国憲法］.

＜新聞＞
Pasaaxon.
Phouthen Pasaxon.
Vientiane Times.

第 3 章

ドイモイ期ベトナムにおける
国会の刷新と政治的機能

石塚　二葉

はじめに

　1945年9月2日にベトナム民主共和国の成立を宣言したホー・チ・ミンは，翌3日，臨時政府の初会合で，民主憲法制定とそのための総選挙実施の必要性に言及した。9月8日には国会を選出するための総選挙に関する勅令第14号が公布された。全7カ条の同勅令は，18歳以上のすべての国民に選挙権，被選挙権を認めていた。ホー・チ・ミン自身もハノイの選挙区から立候補した。第1回国会議員選挙は，1946年1月6日，革命の高揚感と混乱のなかで実施された。とくにフランス支配下の南部では，選挙運動も投票もままならない状況であったにもかかわらず，投票率は全国平均89パーセントに達したとされる（Van phong Quoc hoi 2003）。

　以来70年，ベトナムでは制度的には大きな断絶もなく，13期にわたる国会が選出され，活動してきた。しかし，ドイモイ開始に先立つ40年間，相次ぐ戦争と共産党政権による法の支配の道具化のもとで，国会は「各地域・各民族・各階層・職能団体・社会経済組織等の代表が一堂に会して，共産党の方針を追認する儀式でしかなく，立法機能を全く持っていなかった」（坪井 2002, 154）と評される。

　ドイモイ期に入り，その国会の変貌が注目を集めてきた。立法機関として，

市場経済化や国際経済統合の推進に必要な多くの法律を審議，制定するようになったばかりではない。ベトナム国会が，政府が推進する大規模プロジェクトの提案を否決したり，汚職疑惑や政策上の問題点に関し，質疑応答セッションで担当閣僚を追及したりする様子は，一党独裁制国家における国会のイメージを新たにさせてきた。2013年に初めて実施された国会による国家幹部に対する信任投票では，政府首相に対する「低信任」票が3割を超えるなど，党の高級幹部でもある国家幹部に対して公に厳しい評価が下された。国会は，憲法が規定するような「人民の最高の代表機関」，「最高の国家権力機関」として，独自の存在意義を主張し始めているようにもみえる。

　他方，ベトナム国会が「一党独裁制国家における国会」として，引き続き党の強いコントロールのもとにあることも疑いがない。多くの論点を抱えた2013年の憲法改正が，最終的に国会議員の98パーセントの賛成で可決されたことは記憶に新しい。国会議員選挙の投票率は常にほぼ100パーセントである。共産党員は，常に国会議員の9割内外を占めている。

　ベトナム政治の研究者は，一見民主的な制度変化とみえる国会の刷新も，むしろ共産党の統治の有効性や正当性を高めることによって現体制の存続に貢献していることを指摘してきた。とくに近年，この論点に注目し，多くの知見を提供してきたのがマレスキー（Edmund Malesky）やシューラー（Paul Schuler）を中心とする研究者たちである。彼らは，権威主義体制においては議会や選挙などの民主的制度がむしろ体制の存続に貢献しているという近年の比較政治学の議論を整理し，これらの議論が前提とするメカニズムを明らかにした上で，そのベトナムの事例への適用可能性を検討している。とくに「取り込み」と「アカウンタビリティ」の機能については，計量的分析と定性的なケーススタディの双方を用いて，ベトナムの国会や国会議員選挙制度の設計，運用の特徴を明らかにする上でこれらの概念が有用であることを示している。

　マレスキー，シューラー，およびその共著者たちによる一連の分析は，豊富なデータとベトナム政治に対する深い洞察に支えられており，ベトナムに

おける国会や国会議員選挙が現体制の統治の安定，存続に寄与してきたとするその議論には説得力がある。しかしながら，彼らの議論には，権威主義体制における民主的制度の役割に関する既存研究の枠組みを出発点としていることからくる限界があると考えられる。なぜなら，ドイモイ期ベトナムにおける国会制度や実務の発展をたどってみると，その政治的機能には，彼らの整理による権威主義体制論における「取り込み」や「アカウンタビリティ」の概念ではとらえきれない面があるとみられるからである。

　確かに，ベトナム国会が相当程度多様な意見をもつ議員から構成されていること，そしてその立法機能，および他の国家機関，とりわけ政府に対する監察機能が強化されてきたことなどは，統治の有効性を高め，一党独裁体制に正当性を付与することに貢献してきたとみられる。他方で国会は，近年，党指導部内に主要な意見や利害の相違が存在する場合に，民主的な手続きによって状況の打開を図る場としても機能することがあり，それだけに国会改革は，それ自体ひとつの重要な政治的争点となっている。国会や国会議員の活動はメディアを通じて比較的詳細に伝えられるため，国会が重要な政治的役割を果たすことは，国民にとって政治過程の透明性を幾分なりとも高める効果をももつと考えられる。これらの政治的機能や効果は，党指導部の機能不全を補うとともに党員や国民の間における党指導部への信頼回復に資するという意味において，やはり共産党一党独裁体制の安定に貢献するものであると考えられるが，これまでの制度やそのメカニズムの分析からは明確に指摘されていない。

　そこで本章では，ドイモイ期ベトナムにおける国会の制度や活動の刷新過程をたどることによって，国会の政治的機能の発展の経緯とその意義を検討する。具体的には，党指導部のリーダーシップの低下とともに，国会が党の代替機関として党内の問題解決や意見調整に一定の役割を果たすようになったことを明らかにする。まず，次節では，マレスキーらの議論を中心に先行研究のレビューを行い，ベトナムの国会や国会議員選挙が一党独裁の安定，維持に貢献していると考えられる根拠についてこれまでに得られた知見を要

約する。次いで，ドイモイ期のベトナム共産党にとっての主要な政治的脅威とは何かについて論じ，1980年代半ばから1990年代初めにかけてのドイモイ初期および1990年代末以降の2つの時期に党が直面してきた政治的危機と国会の機能との関係を検討する。最後に本章の議論を整理してまとめとしたい。

第1節　国会，国会議員選挙と一党独裁
　　　　──先行研究とその評価──

1．先行研究

　ドイモイ期におけるベトナム政治に関する論考の多くは，国会や国会議員選挙に関して紙幅を割いている（白石2000，坪井2002，Stern 1993, Porter 1993, Salomon 2007）。一部の論考は，国会改革を含む政治改革の動向を現体制の存続と関連付けて論じている（Turley 1993, Abuza 2001, Hayton 2011）。これらの論考は，ドイモイ期における国会の変化が，政治体制のよりリベラルな方向への変化を示唆するものかどうかを検討し，現状分析に基づいてそのような予断を排している。Abuza（2001, 121）は，国会において体制内反対派の活動を認めることが，むしろ党の正当性およびその支配の安定性を高める可能性に言及している。Hayton（2011, 112）も同様に，国会改革等「よい統治（good governance）」支援のためにドナーが拠出する開発援助は，複数政党制に基づく民主主義をもたらすのではなく，一党支配をより効率的なものにしてきたと述べている。

　後二者のような論点を詳細に分析しているのが，近年のマレスキー，シューラー，およびその共著者たちによる一連の論文である（Malesky and Schuler 2008; 2009; 2010, Malesky, Schuler, and Anh Tran 2012, Abrami, Malesky, and Zheng 2013, Malesky 2014）。主としてMalesky and Schuler（2008; 2010）およびMalesky, Schuler, and Anh Tran（2012）に基づいて彼らの議論を要約すると，

次のようになる。

　一党独裁制を含む権威主義体制においては，議会や選挙などの民主的制度の活用が体制の維持に貢献していることが近年多くの研究者によって主張されている。このような主張は主として4つの異なる根拠に基づいている。第1は「取り込み理論（cooptation theory）」である。警察や軍などの強制力を用いた抑圧に過度に依存する支配は，これらの治安維持機関に大きな資源を配分することになり，支配エリートにとってリスクが大きい。そこで，支配エリートは，民主的制度を通じて外部のグループにも政策決定過程における一定の発言権を与え，体制側に取り込むことにより，より安全に体制維持を図ろうとすると考えられる。第2に，「アカウンタビリティ理論」によれば，支配エリートは，選挙を通じて，腐敗した幹部を特定し，取り除くことができる。第3に，「シグナリング（信号）理論」によれば，支配エリートは選挙で大勝することによって自らの正当性を高めるとともに，潜在的な反対勢力を牽制することができる。第4に「レント分配理論」によれば，支配エリートは，重要な社会グループにそれぞれのリーダーを選ばせ，選ばれたリーダーは議会に参加することでレントの配分を受けるとされる。

　Malesky and Schuler（2008; 2010）は，これらの理論をベトナムの事例にもとづいて検証するため，それぞれの理論のロジックに沿って検証可能な仮説を立て，2007年の第12期国会議員選挙および同期の4回の会期における質疑応答セッションのデータを用いて検討を行っている。また，Malesky, Schuler, and Anh Tran（2012）は，彼ら自身がベトナムのインターネット新聞と共同で実施したある実験の結果を用いて，ベトナム国会における「取り込み」のメカニズムを検証している[1]。これらの分析に基づく主要なファインディングは以下のとおりである。

　ベトナムにおける国会議員候補者は，中央推薦の候補者，地方推薦の候補者，自薦候補者に大きく分類される。党政治局員をも含む中央推薦の候補者（中央の国家機関や政治・社会組織等が推薦する候補者）は，その多くが当選後は国会，政府の主要幹部の地位を占めることが予定されており，国家，社会

に対する党の指導力を確保する上でもっとも重要性の高い候補者である。これに対し，地方推薦の候補者は，出身分野や性別，年齢層などを基準として各地方に割り当てられるクォータに従って地方レベルの国家機関や政治・社会組織等が推薦する候補者であり，その数は３つのグループのなかで最多である。自薦候補者はさまざまな経歴や主張をもつが，候補者名簿確定過程におけるスクリーニングにより相当数が淘汰され，最終的な当選者数はまだ一握りにすぎない[2]。

ベトナムの国会議員選挙では，あからさまな得票数の操作などは行われていないとみられるが，候補者のスクリーニングおよび選挙区の割当の方法により，支配エリートはほぼ望みどおりの結果を出すことができる。そのような操作にもあずかって，中央推薦の候補者は当選する確率が高く，得票率も高い。とくに党・国家機関の最高幹部はほぼ全員が85パーセント以上という高い得票率で当選している[3]。このことはベトナムの国会議員選挙において「シグナリング」仮説が基本的に妥当することを示唆している。

国会議員の行動様式は，中央推薦の議員であるか地方推薦の議員であるか，専従議員[4]であるかどうか，それに選挙における得票率や出身地域，出身分野等の要因によって影響を受ける。国会の質疑応答セッションで政府に対して批判的な質問が最も多く，また質問のなかで自らの選挙区に言及することが最も多いのは，地方推薦の専従議員である。反対にこのような質問が最も少ないのは中央推薦の専従議員である。より競争的な選挙区から選出された議員（得票率が低い議員），中央への財政的依存がより少ない省から選出された議員，研究機関や民間企業に籍をおく議員は，そうでない議員と比べ，批判的な質問をする傾向が強いことも確認されている。もっとも全体としてみると，国会の質疑応答セッションに参加する議員は全体の３分の１に過ぎず，そのなかでも批判的な質問は３割程度にとどまる。

このようなことから，国会は，体制中枢と利害が必ずしも一致しない「外部者」（主として地方推薦議員）を一定程度受け入れ，体制の安定を脅かさない範囲で政策過程への参加の機会を与えるという，「取り込み」の目的に利

用されているとみられる。Malesky, Schuler, and Tran（2012）はさらに，批判的な意見を述べる議員でも自らの批判的な言動が過度に露出することを避ける傾向があることを示し，このこともベトナム国会が「取り込み」機能をもつことの証左であるとみる。Malesky（2014）は，2012年に導入された国会による国家幹部に対する信任投票制度を取り上げて，この制度も，体制に影響を及ぼさない範囲で批判的な意見の表明を許容する，「取り込み」メカニズムの一事例として説明している。

一方，国会議員選挙は，支配エリートの恣意を抑制するものとはなっていない。支配エリートは選挙の結果をコントロールすることができ，必要に応じて制度ないしその運用を変更することができる。国会や政府の高級幹部に選出されるのは中央推薦議員であり，必ずしも選挙で多くの票を得た議員ではない。その意味では，選挙制度は，体制のアカウンタビリティを高める手段とはなりえていない。

ただし，Abrami, Malesky, and Zheng（2013）は，同じアカウンタビリティという用語を用いつつも，共産党一党独裁体制下におけるそれをより緩やかに，統治機構における抑制と均衡の仕組みの実効性や政治的競争のレベルという観点から評価している。体制の水平的および垂直的アカウンタビリティを確保する制度は，一党独裁体制の存続に重要な役割を果たすものであり，ベトナムの国会はそのような制度のひとつであると彼らは主張する。

2．評価

以上の一連の先行研究による分析は，複雑でニュアンスに富む現実を明快な理論的枠組に依拠して解き明かしている点で出色であり，ベトナムの国会および国会議員選挙の仕組みに関して多くの新しい知見を提供している。また，国会や国会議員選挙が，党のコントロールのもとで一定の自由度を与えられていることで，党の統治の有効性を高めることに貢献しているという全体的な結論についても，他の先行研究による評価とも一致しており，異論の

余地は少ないと考えられる。しかしながら，その議論を子細に検討すると，権威主義体制論における議論をベトナムの事例によって検証するという彼らの目的が達成されているかには若干の疑問が残る。なぜなら，彼らは，彼ら自身が既存研究から抽出した理論をベトナムの現実に適用する段階で，「取り込み」や「アカウンタビリティ」といった中心的な概念を相当程度柔軟に用いているとみえるからである。

たとえば，彼らがベトナム国会において「取り込み」理論が該当すると主張する根拠は，選挙において各地域や異なる職業分野を代表する候補が選ばれる仕組みがあること，とりわけ地方推薦の専従議員や一定の専門分野出身の議員は実際に政府閣僚に対し批判的な質問を多くする傾向があること，他方で国会議員の多数は「批判的でない」議員で占められており，批判的勢力が体制の支配，安定を脅かす恐れがないことが保証されていること等である[5]。しかし，政府機関や各種団体の推薦を受けた地域代表，職能代表が権威主義体制論における体制外の有力者や潜在的反対勢力に当たるとみなしうるかどうかは議論の余地のあるところであろう。

また，Abrami, Malesky, and Zheng（2013, 245, 266）においては，水平的アカウンタビリティは「執行機関の意思決定に関する拒否点（veto points）の所在」，垂直的アカウンタビリティは「選挙を通じて有権者が政治リーダーを失職させることができる可能性」などの基準によって評価されているが，このような用語の用い方の特殊性は彼ら自身も認めている（Abrami, Malesky, and Zheng 2013, 244-245）。通常，水平的アカウンタビリティとは，リーダーの権力に対する制度的な制約であり，三権分立，抑制と均衡の仕組みなどにより確保される。垂直的アカウンタビリティとは，特定の行動や政策に関して有権者がリーダーの責任を問いうることであり，競争的選挙などによって確保される。これらの条件を共産党一党独裁体制にそのまま適用することは難しい。そこで彼らはベトナム（および中国）の実態に即してこれらの概念を拡張して用いている[6]。

このような一種の理論的曖昧さは，彼らが理論的整合性を追求することに

もまして，ベトナムにおける国会の機能の特性を明らかにすることに重点をおいていることからくるものかもしれない。筆者の関心もむしろ後者の方にある。しかし，そのような関心からみるならば，彼らの分析は，権威主義体制論の枠組から出発し，制度のメカニズムの解明を中心に据えているがゆえに，2つの問題を生じていると考えられる。第1に，ベトナムの文脈においてなぜそのような制度が実現してきたのか，その背景や経緯について十分な説明がない。第2に，「取り込み」や「アカウンタビリティ」という用語で多くの事象を説明しようとするため，これらの概念自体が不明確になっている。これらの問題の結果，国家幹部に対する信任投票制度の導入などの近年の事象にみられる国会の新しい機能の意義を明確に位置づけることが困難になっている。

そこで次節では，まず，ドイモイ期ベトナムにおける国会制度や実務の刷新の背景として，党指導部[7]にとっての主要な政治的脅威とは何かについて検討する。そして，党指導部が，国会という場を利用することにより，国民や党員の支持の獲得ばかりでなく，党指導部自体のリーダーシップの機能不全による危機の回避をも図ってきた経緯をたどってみたい。

第2節　政治的脅威と国会機能の刷新

1．共産党指導体制への脅威

Turley（1993, 340-341）は，ドイモイ期において一党独裁体制の存続をめざすベトナム共産党が直面する3つの危機を挙げている。第1は党に対する大衆の信頼の低下，第2は党指導者層の世代交代，第3はマルクス・レーニン主義に対する信念の喪失である。第1の大衆の信頼低下は，経済的失敗や官僚制の無能力，汚職やエリートによる特権の享受などのさまざまな現象，そして，より根本的には，統治への大衆の参加という建前と党による権力独

占という現実の間の矛盾が，平時においてあらわになってくることの帰結である。第2と第3は，党の一体性，凝集性の喪失という予想される結果において共通しているが，前者は党組織を統率する指導部内の凝集性喪失および威信低下の危機，いわばリーダーシップの危機とも読み替えられる。1980年代末における県レベルから中央レベルまでのリーダーの7割以上は，1930年から1945年の8月革命の間，すなわち党の創生期に入党し，党の権力獲得に至る経験をともにしてきた人々であった[8]。しかし，ドイモイ期に入り党指導者層の世代交代が進むと，新世代の指導部は旧世代の指導部に比べ，経験やものの見方の一体性が低下することは不可避である。一方，ベトナム自身の計画経済の経験やソ連・東欧の共産党政権の崩壊を経て，党員の間でもマルクス・レーニン主義への懐疑論が広まっていることは公然の事実である。

実際，党指導部も，体制の安定，維持への脅威に関して基本的に同様の認識をもっていると考えられる。たとえば，1994年2月の中間会議[9]では，(1)貧困，諸外国と比較しての経済発展の遅れ，(2)社会主義からの逸脱，(3)汚職，官僚主義，非効率な官僚制，(4)敵対勢力による「和平演変（民主主義や人権の名のもとに，武力を用いずに社会主義体制を転覆させること）」が，国家安全保障に対する「4つの脅威」であるとの見解が示された。これらのうち，経済発展の遅れや汚職などは国民の党の指導に対する信頼を低下させる要因であり，また，社会主義からの逸脱や「和平演変」（および汚職等）は，党内部の変質，分裂につながるものとみることができる。2006年の第10回党大会においても，ほぼ同様の脅威分析が示されている（グエン・ヴー・トゥン 2010）。

本節では以下，ドイモイ初期において，党指導部が，大衆の党への信頼低下および党内からの体制批判の出現[10]という2つの危機に直面し，それらへの対処を模索するなかで実施してきた国会改革についてみていきたい。1990年代末頃以降には，これらの危機に加えて，党内のリーダーシップの危機が現実化してくるが，これについては節を改めて論じることとする。

2．ドイモイ初期における政治的危機と国会改革

(1) 国民の信頼低下と離反者の出現

　最初に取り上げるのは，党がドイモイ路線を正式に採用した1980年代半ばから，ソ連・東欧の共産党政権崩壊を目の当たりにし，1992年憲法を制定するに至る時期である。1986年の第6回党大会の準備が進められていた頃には，従来からの経済的困難に加えて，1985年の一連の改革以来，年間物価上昇率700パーセントという悪性のインフレが進行するなかで，大衆の不満が鬱積し，党としてもこれを深刻に受け止めざるをえない事態になっていた（古田1988, 16）。また，経済状況の悪化のなかで「消極的現象」と呼ばれる幹部の腐敗・堕落も目立つ，国民の不満に拍車をかけた。党大会においても，「人民は党に対する信頼を失っており，これは党の創立以来かつてなかった事態」であるという発言があった（古田1988, 16）。

　党指導部は経済の停滞に関し，「戦略指導と実現組織に関する誤り」が原因であると分析した（古田2009, 233）。そしてこのような誤りを正すための方策のひとつとして，党と国家機関の役割分担を明確化し，それぞれの機能や責任を強化する方針が打ち出された。国家機関のなかでも，とくに脚光をあびたのが国会であった。第6回党大会の政治報告は，「国家管理の有効性を強化する。とくに国会および国家評議会[11]の位置づけ，各級人民評議会の役割を高める」「国会から各級人民評議会に至る各民選機関は，適正にその職務を遂行し，各活動を常に改善し速やかに総括する。各会期の質を向上させ，現実の問題について議論，決定する。社会主義法制および各国家管理機関の活動に対する監察を強化する」という方針を掲げ，国会等の民選機関の位置づけ，活動の適正化を国家管理の有効性向上の鍵と位置づけている。

　一方，ドイモイ初期には党内から体制批判者が相次いで現れた。1986年に南部の退役軍人らによって結成された旧抗戦者クラブは，会員4000人を誇り[12]，そのほとんどが党員であった。当初は退役軍人の生活向上をめざして

結成された同クラブは,次第に汚職批判など政治的発言を強め,党の体質改善,党内民主化の推進を求める圧力団体としての活動を活発化した。旧抗戦者クラブの影響力に警戒を強めた党は,1990年に官製の退役軍人会を設立する一方,クラブの有力幹部の退陣を求め,最終的にはクラブを解散に追い込んだ。1990年3月の中央委員会第8回総会では,政治的刷新の必要性を訴えていた政治局員チャン・スアン・バックが政治局,書記局,中央委員会から除名された。党機関紙「ニャンザン」(人民)の副編集長であったブイ・ティンは,同年11月,滞在先のパリでベトナムの民主改革を要求するアピールを発表し,翌年党を除名されている。これらの批判者が要求していた「民主化」の中心的な内容のひとつは,「党が選挙で選ばれた国会や地方議会の権威を尊重」することであった(木村1996, 262)[13]。

東欧革命や中国の天安門事件を受けて,いち早く「政治的多元主義を容認しない」方針を明確にした党指導部は,体制批判に対して厳しく対処したが,他方で政治改革の必要性を否定したわけではなかった。むしろ共産党一党独裁が崩壊した国では,政治改革が十分迅速,柔軟に行われなかったために党の国家・社会運営が失敗したのだとみられ,党に対する人民の信頼を強化するため,政治改革の推進が必須であることが再確認された。1991年の第7回党大会の政治報告は,前回党大会以来の国会改革の成果に対する一定の評価を与える一方,監察活動の具体化と有効性の向上,国会議員の質の向上,選挙や国会議員の活動に関する制度の刷新等,より具体的な分野を挙げて,国会改革の継続を謳っている。

(2) ラバースタンプから立法機関へ

この時期には,相当程度全面的,根本的な国会改革が行われ,ドイモイ期国会の基礎が築かれた。まず,選挙についてみると,1987年に実施された第8期国会議員選挙では,候補者の選出における「押しつけ,強制,命令的な態度」が禁止され(Porter 1993, 155),有権者の意見をよく聴取し,有権者が反対する候補者は他の候補に代えることが強調された(村野1988)。また,

自薦による立候補が認められ，数人の自薦候補が現れた。最終的には，496議席に対して前回の選挙を200人以上上回る828人の候補者が名簿に掲載され，当選倍率は1.67倍となった[14]。選挙区の数も1981年の93から167と大幅に増えた。もっとも，選挙結果をみると，全体としては国会議員の出身階層別構成には大きな変化はみられなかった（五島1994, 16-17）。

1992年の国会議員選挙法では，団体の推薦によらない個人の立候補権が明記された[15]。同年7月に実施された第9期国会議員選挙では，実際に40人が自薦で立候補を申請したが，最終的に候補者名簿に掲載されるに至ったのは2人のみで，当選者はなかった。当選者の出身階層別構成についてみると，第9期国会議員選挙では労働者，農民[16]が合わせて2割弱と前回の約半分に減少した。代わって増えたのが政治幹部[17]（4割超）で，前回から倍増している。このような構成の変化にともない，大学卒以上の学歴をもつ議員が全体の56パーセントと，議員の学歴レベルも向上した（村野1993）[18]。

国会の組織に関しては，1992年憲法で，国会の委員会に専従議員をおくことが定められた[19]。また，国会の活動を補佐する国会事務局の職員数は，1981年には141人であったが，1992年には230人に増加している（UNDP 2011）。

変化は議場における活動にも直ちに表れた。1988年6月の第8期第3回国会では，新首相候補をひとりに絞ることに批判が強く，2人の候補を立てて投票で選ぶという前例のない事態が発生した。急逝したファム・フンに代わる新首相候補として，党指導部は保守派のド・ムオイを推した。これに前述の旧抗戦者クラブが強く反発し，南部出身の改革派，ヴォー・ヴァン・キエットを支持する姿勢を公にして，国会議員に対するロビー活動を展開した。国会会期においては，39の省・市の議員団のうち，ムオイのみを候補とする国家評議会議長案に賛成したのは26のみであり，最終的にムオイとキエットの2候補を立てて投票が行われることになった。このときの投票では，それまでの挙手による票決に代わり，秘密投票が行われたことでも画期的であった。結果は，ムオイが多数の票を得て首相に就任したが，464人の国会議員中168人（36パーセント）が党指導部の意に反してキエットを支持したという

(Abuza 2001, 村野1989)。議場において政府閣僚や報告，法案等を批判したり反対票を投じたりすることも次第に常態として行われるようになった[20]。

　ドイモイ初期の比較的短期間に，党執行部の強い決意と指導のもとで，ベトナム国会は，限定的ながら，より民意を反映した，より専門性の高い，一定の自律性を有する機関へと変化した。議場では，党指導部の方針と異なる意見でも表明する機会が与えられた。グエン・ヴァン・リンを初めとするリーダーたちは国会の重要性，独立性を繰り返し強調し，メディアは国会会期における討議の模様を報道するようになった[21]。1988年と1989年には，国会が党のラバースタンプにすぎないという印象を与えることを避け，国会における自由な議論を保障するため，党は年末の中央委員会総会の日程を変更して，12月の国会会期の前でなく後に総会を開催した（Stern 1993）。

第3節　1997年以降の政治的危機と国会

1．リーダーシップの危機

　1990年代に入って経済状況が改善に向かうと，体制存続にかかる危機意識はひとまず後退した。しかし，1990年代末頃には，新たな政治的危機の局面が訪れる。1997年には，地方幹部の腐敗を発端として北部タイビン省で広範な農民の抗議行動が起こり，約半年間にわたって継続した。この事件に関連して，元中央委員で党の文化文芸委員会委員長も務めたチャン・ド将軍は，腐敗した地方幹部を批判するとともに，少数者のみが重要な決定に参加する共産党独裁を批判し，「真の民主主義」の実現を求めた。党指導部は，党規律違反を理由としてド将軍を除名する一方，基礎レベルの行政機関における情報公開や住民参加を促進するなどの新たな政策を打ち出した[22]。

　同時期に，党指導部ではリーダーシップの危機が顕在化した。党創生期以来の同志であり，1990年代初めからトロイカ体制を敷いて党を率いてきたト

ップリーダー3人が1997年に引退し、それぞれ10歳以上若い後継者に道を譲ったのである。以来、ベトナム共産党においては、求心力のあるリーダーシップの確立という課題が差し迫ったものになってきた。1997年に新書記長に就任したレ・カ・フューは、保守派と改革派の板挟みになってリーダーシップを発揮できず、不満を鬱積させた地方幹部たちが強い影響力をもつ党中央委員会により、わずか3年余りで書記長のポストを追われた（Abuza 2002）[23]。2001年にフューに代わって書記長に就任したのは、1992年から国会議長として国会の近代化を主導してきたノン・ドゥク・マインであった。

2000年代には、経済成長の回復や、国際統合に向けた一定の経済改革の実現などにより、政治的脅威はしばらく沈静化したようにもみえるが、危機が去ったわけではなかった。党指導部の一体性およびリーダーシップの低下は、主要な汚職事件の摘発や党・政府の政策における不明朗な点の露出を促進するひとつの要因となり、ひいては国民や党員の間での党指導部への批判の高まりにつながってきたからである[24]。

そのひとつの例が、2006年初頭に発覚したPMU18事件である。交通運輸省傘下のインフラ整備プロジェクト管理機関（PMU18）の幹部が8億円に上る巨額のサッカー賭博への関与で逮捕されたことが端緒となった同事件は、その後、交通運輸省次官の逮捕、同省大臣の辞任に至る大規模な汚職事件に発展した。直接事件に関連して名前は上がらなかったものの、PMU18の幹部の1人はマイン書記長の女婿であったことが知られている。同事件がこの時期に摘発され、メディアを通じて多くの情報が流れたことについては、2006年の第10回党大会で再選をめざしていたマインの対抗勢力が仕掛けたものである可能性が指摘されている（Hayton 2010, 144-145）。

党・政府の政策に対する党内外からの異議申立も活発化している。その顕著な例は、2007年に首相決定で承認された中部高原におけるボーキサイト開発プロジェクト、および2010年に明らかになった国境地域の各省当局による森林地域の土地の外国企業への貸与問題である。国民の関知しないところで進められていたこれらの開発政策に対し、環境上や安全保障上などの懸念か

ら，国民的英雄であるヴォー・グエン・ザップ将軍をはじめとする権威ある古参党員や党内外の知識人が相次いで批判の声を上げた（中野2011, 161-167）。これらの案件に関しては，その後，国会において関係閣僚が質問を受け，報告を行うことで，その一端が明らかにされるに至っている[25]。

2．党指導部内の抗争激化と体制批判の高まり

次の指導部交代の時期には，党の最上層部における分裂，抗争はいっそう深刻化した。2011年の第11回党大会後の国会では，2006年から首相を務めるグエン・タン・ズンが首相に再選された。ズン首相はしばしば歴代首相のうちもっともパワフルな首相とも評されるが，マクロ経済の不安定と低成長，銀行の不良債権問題など，数年来深刻化するベトナム経済の諸問題を背景に，首相の経済運営に対する批判が強まっていた。2010年には大規模国営企業の経営破綻に関連して，国会で首相の責任が追及され，首相に対する信任投票の実施さえ提案されている。しかし，2011年7月の国会は議員の94パーセントの賛成によりズン首相を再選した[26]。他方，国家主席には，ズン首相と同い年で，同様に若い頃から党・国家の要職を占め，長らくそのライバルと目されてきたチュオン・タン・サンが，国会議員の97パーセントの支持を得て就任した[27]。サンは，マインの後を継いで党書記長に就任した前国会議長グエン・フー・チョンらとともに，ズンに対する対抗勢力を形成しているとみられる。

2011年末に開催された党中央委員会第4回総会は，党に対する国民の信頼の低下を認め，その主要な原因は，指導的地位にある党員，高級幹部までを含む一部の党員が思想，道徳的に堕落し，汚職やセクショナリズムなどの問題を生じさせていることであると分析した[28]。同総会の決議に基づき，党政治局・書記局は，2012年7～8月に批判・自己批判を行い，その結果を同年10月の中央委員会第6回総会に報告した。そのなかで，政治局は，政治局自体およびズン首相個人に対する処分を提案していたとみられる。場合によっ

ては首相の解任もありうるかと注目が集まった第 6 回総会であったが，ふたを開けてみると，中央委員会は，政治局の提案に反して，首相に対する処分を行わない方針を決定したのである。

すでに触れたように，中央委員会が政治局の方針から独自の決定を行ったことは過去にもあるが，このときは，中央委員会の不作為の結果，中央委員会と政治局内多数派との間の離齬や政治局内の対立状況が解消されずに残ることになった[29]。Le Hong Hiep（2013, 5）は，中央委員会第 6 回総会の結果は，①党の権力構造が分散的であること，②指導部が非効率であってもそれを交代させることは難しいことというリーダーシップの危機の 2 つの重要な側面を浮き彫りにしたと指摘する。

党指導部内における分裂，抗争については，国内の公式メディアは論評を控えているものの，インターネット上のブログ等を含め，非公式には，真偽不明な情報をも交えて盛んに伝えられており，党内外における現体制への批判の高まりに拍車をかけている。2013年の憲法改正の際には，改正草案に対する国民からの意見聴取が行われた機をとらえて，かつて大臣や首相のアドバイザーを務めた人物を含む著名知識人ら72人が連名で建議書を提出し，憲法改正起草委員会の草案を批判するとともに，共産党一党独裁の根拠規定撤廃の提案を含む大胆な憲法案を公表した。同建議書および憲法案はインターネットを通じて流布し，1 万4000を超す賛同の署名が集まった。

3．リーダーシップの危機と国会

この時期の国会における制度や実務の展開に関しては，とくに党指導部におけるリーダーシップの危機の顕在化，常態化という状況に対応して国会が担うようになった新たな政治的役割を示していると考えられる 2 つの事例に焦点を当ててみていきたい。

(1) 南北高速鉄道建設計画案の否決

　第1は，2010年6月の第12期第7回国会における南北高速鉄道建設計画案の否決である。政府は，ハノイ，ホーチミン両市を結ぶ同鉄道を日本の新幹線方式によって建設することを計画し，2012年の着工をめざしていた。しかし，560億ドルに上ると見積もられる投資総額，そしてそれを主としてODA等の借入れでまかなうという政府の見通しに対して国会議員の間で強い懸念が表明され[30]，最終的に政府が提案した2つの代替的決議案はいずれも議員の過半数の賛成を得ることができなかった。

　ドイモイ期ベトナムにおいても，政府の大規模プロジェクト案の国会による否決は異例の出来事であり，関係者の間でも驚きをもって受け止められた。計画案の否決自体については国内メディアはおおむね好意的であり，国民の間でも総じて国会の「決断」は支持されている模様である[31]。しかし，ベトナム国会が，民意を尊重して，党指導部の方針を覆したのかといえば，必ずしもそうではないようである。いくつかの分析によれば，この案件に関してはそもそも党指導部内において意見の調整がつかず，そのような状況のもとで，例外的に国会に判断が委ねられたというのが真相であったとみられる（Koh 2010, The Hanoist 2010, Malesky, Schuler, and Anh Tran 2011）。

　Malesky, Schuler, and Anh Tran（2011）は，南北高速鉄道建設計画案同様に有識者やメディアによる批判が強かった2008年のハノイ市域拡大の提案（同年5月，国会で承認）の事例と本事例とを比較して，党指導部の姿勢の違いを指摘している。2008年1月に開催された第10期党中央委員会第6回総会は，国会での議論に先立って，ハノイ市域拡大を承認する決議を出した。これに対し，2010年には同様の文書は出されなかった。また，ハノイ市域拡大については，国会での票決に先立つ2週間ほどの間，メディアは（恐らく政府の指示により）同提案に対して批判的な記事を掲載するのを控えたが，南北高速鉄道に関してはそのような制約は課されなかった模様である。党指導部は，この計画案に多方面からの批判があることを認識しつつ，あえて批判を封じる手を打たなかったのである。

そうであるとすれば、この事例は、民選議会の決定権の強化という意味における体制の民主的方向への変化ではなく、むしろ党指導部内の分裂という現実を示したものであったと考えられる。しかしながら、党指導部内で意見の調整がつかない重要案件が国会の決定に委ねられ、よりオープンな議論の対象となったということは、それ自体新しく、注目すべきことである。党指導部におけるリーダーシップの危機が一種構造的な性格をもつものであるとすれば、国会がこのような場として機能する場面は今後も繰り返される可能性がある。事実、つぎに検討する信任投票の実施はそのような要素を含んでおり、しかも国会の監察機能を強化する法的な制度変化をともなう事例である。

（2）信任投票制度の導入と実施

ベトナム国会における信任投票制度の沿革をみると、まず、2001年憲法改正で、国会の権限として「国会によって選出され、または承認された役職に就いている者に対する信任投票の実施」が加えられた。その背景としては、タイビン省の事件などを受けて、同年の第9回党大会で「民主」の推進が強調されたことが挙げられる[32]。1990年代を通じて、国会が政府の活動に対する実効的な監察機能を果たしていないことは、ひとつの重要な課題として認識されていた。しかし、国会の監察機能の強化が必要であることについては広く合意があっても、改革の速度や程度についてはさまざまな議論があった（Sidel 2008）。

急進的な改革論に対して慎重な立場をとっていた党と国会の指導部は、国会組織法改正において、信任投票の実施を、直接議場からの動議にもとづいて発動するのではなく、より統制しやすい国会常務委員会の決定にかからせることを提案し、多数の合意を取りつけることに成功した。信任投票は、国会議員の少なくとも20パーセントまたは国会の各委員会による建議を受けた場合、国会常務委員会が検討し、国会に提案することとなった。個々の国会議員から信任投票の提案があった場合に、その提案に対して国会議員の20パ

ーセントの賛同を集める手続き等についても具体的な定めはおかれなかった。このような条件下で2004～2010年の間に国会議員によってなされた3回の信任投票実施の提案はいずれも実現に至らなかった[33]。

　国会による初めての信任投票は，前出の2011年の中央委員会第4回総会決議によって実現することになった。同決議は，党員および国民の信頼を強固にするための綱紀粛正の手段として，批判・自己批判などと並んで，「国会，人民評議会の選出・承認による役職に就いている者に対する信任投票の規定の早期実現を指導する」ことを挙げた。チョン書記長は，2012年10月の中央委員会第6回総会で政治局の提案が退けられた後の有権者との会合で，党内の綱紀粛正は今後も継続すると述べるとともに，国会における信任投票制度の導入の見通しについて言及している（An Dien 2012）。最終的に信任投票の実現を後押ししたのは，党内の綱紀粛正の試みにおける手詰まり感の打破をめざす党指導部多数派の意思であったともいえる。

　2012年11月の国会決議第35号は，国家主席，国会議長，首相および閣僚，人民裁判所長官等を含む主要国家幹部に対し，国会が毎年1回信任投票を実施することを定めた。投票はまず「高信任」「信任」「低信任」の3段階で行われ，国会議員総数の3分の2を超える議員が信任の度合いを「低」とした場合，または2年連続で議員の過半数が信任の度合いを「低」とした場合には，対象者は不信任投票の対象となる。不信任投票では「信任」か「不信任」かが問われ，国会議員総数の過半数が不信任票を投じれば，当該幹部は罷免されることになる。信任投票は秘密投票[34]により行われ，結果は公表される。

　2013年6月には，この制度に基づき，第1回の信任投票が実施された（結果は表3－1）。投票の結果，「低信任」が過半数に達した国家幹部はいなかった。このことについては，そもそも信任のレベルを3段階で評価することから，「低信任」票が過半数に達する可能性は低いという指摘もある。それでも，ズン首相に32パーセントの「低信任」票が投じられるなど，とくに一部の政府構成員に対しては，相当程度厳しい評価が示された。全体として，

表 3－1 信任投票の結果

(単位：票)

氏名	職名[1)]	高信任		信任		低信任	
		2013年	2014年	2013年	2014年	2013年	2014年
国家部門[2)]		59.50%	68.60%	34.90%	25.40%	4.10%	3.50%
チュオン・タン・サン	国家主席	330	380	133	84	28	20
グエン・ティ・ゾアン	国家副主席	263	302	215	168	13	15
立法部門[2)]		57.10%	57.40%	38.10%	34.50%	3.40%	5.30%
グエン・シン・フン	国会議長	328	340	139	93	25	52
ウオン・チュ・ルー	国会副議長	323	344	155	124	13	14
グエン・ティ・キム・ガン	国会副議長	372	390	104	86	14	9
トン・ティ・フォン	国会副議長	322	325	145	127	24	31
フイン・ゴク・ソン	国会副議長	252	295	217	159	22	28
ファン・スアン・ズン	国会科学・技術・環境委員会委員長	234	212	235	248	22	23
グエン・ヴァン・ザウ	国会経済委員会委員長	273	317	204	155	15	12
チャン・ヴァン・ハン	国会対外委員会委員長	253	284	229	183	9	13
グエン・ドゥク・ヒエン	国会請願委員会委員長	－	225	－	228	－	30
フン・クォク・ヒエン	国会財政・予算委員会委員長	291	315	189	148	11	20
グエン・ヴァン・ヒエン	国会司法委員会委員長	210	203	253	245	28	36
グエン・キム・コア	国会国防・安全保障委員会委員長	267	290	215	174	9	19
ファン・チュン・リー	国会法律委員会委員長	294	311	180	145	18	27
チュオン・ティ・マイ	国会社会問題委員会委員長	335	365	151	104	6	13
グエン・ティ・ヌオン	国会議員工作委員会委員長	292	272	183	183	17	28
グエン・ハイン・フック	国会事務局局長	286	303	194	154	12	26
クソル・フォック	国会民族評議会委員長	260	302	204	164	28	16
ダオ・チョン・ティ	国会文化・教育・青少年・児童委員会委員長	241	224	232	220	19	39
グエン・フー・ヴァン	会計検査院院長	－	105	－	318	－	62
行政部門[2)]		33.50%	42.40%	48.00%	40.60%	16.50%	14.30%
グエン・タン・ズン	首相	210	320	122	96	160	68
ヴ・ドゥク・ダム＊	副首相	215	257	245	196	29	32
ホアン・チュン・ハイ	副首相	186	225	261	226	44	34
グエン・ティエン・ニャン＊	副首相	196	－	230	－	65	－
ファム・ビン・ミン＊	副首相兼外務相	238	320	233	146	21	19
ヴ・ヴァン・ニン	副首相	167	202	264	246	59	35
グエン・スアン・フック	副首相	248	356	207	103	35	26
ホアン・トゥアン・アイン	文化・スポーツ・観光相	90	93	288	235	116	157
グエン・タイ・ビン	内務相	125	98	274	233	92	154
グエン・ヴァン・ビン	国家銀行総裁	88	323	194	118	209	41
ファム・ティ・ハイ・チュエン	労働・傷病兵・社会問題相	105	108	276	256	111	119
ハー・フン・クオン	司法相	176	200	280	234	36	49
チン・ディン・ズン	建設相	131	236	261	201	100	48
ディン・ティエン・ズン	財政相	－	247	－	197	－	41
ヴ・フイ・ホアン	工商相	112	156	251	224	128	102
ファム・ヴ・ルアン	教育・訓練相	86	133	229	202	177	149
グエン・ヴァン・ネン	政府官房長官	－	200	－	243	－	39
カオ・ドゥク・ファット	農業・農村開発相	184	206	249	224	58	54
ザン・セオ・フー	民族委員会委員長	158	127	270	262	63	95
チャン・ダイ・クアン	公安相	273	264	183	166	24	50
グエン・ミン・クアン	資源・環境相	83	85	294	287	104	111
グエン・クアン	科学・技術相	133	105	304	313	43	65
グエン・バク・ソン	情報・通信相	121	136	281	267	77	79

(単位：票)

氏名	職名[1]	高信任		信任		低信任	
		2013年	2014年	2013年	2014年	2013年	2014年
フン・クアン・タイン	国防相	323	313	144	129	13	41
ディン・ラ・タン	交通・運輸相	186	362	198	91	99	28
グエン・ティ・キム・ティエン	保健相	108	97	228	192	146	192
フイン・フォン・チャイン	政府監査院院長	164	170	241	244	87	68
ブイ・クアン・ビン	計画・投資相	231	351	205	112	46	20
司法部門[2]		39.50%	41.40%	53.10%	46.30%	5.70%	9.40%
チュオン・ホア・ビン	最高人民裁判所長官	195	205	260	225	34	50
グエン・ホア・ビン	最高人民検察院院長	198	207	269	235	23	43

（出所）VnExpress紙2013年6月11日および2014年11月15日の記事にもとづいて筆者作成。
（注）1）職名は，2014年投票時には副首相を退任していたグエン・ティエン・ニャンを除き，2014年投票時のもの。2013年にはヴ・ドゥック・ダムは政府官房長官，ファム・ビン・ミンは外務相。
　　　2）各部門の票のパーセンテージは，各幹部の得票率の平均。母数は国会議員総数なので，合計は100％にならない。

　他の部門の幹部に比べて政府構成員への評価が低いという一種のバイアスはみられるが，個々の閣僚に対する評価の高低は，国会における質疑の動向などに鑑みても，当該閣僚の実績や言動に対する評価を基本的に反映したものであったといえるであろう（Malesky 2014, 95-96）。経済停滞が長期化するなか，2010年に続いて2012年にも表面化した大規模国営企業の経営危機や，銀行の不良債権増大等の問題が，ズン首相への厳しい評価につながったものと考えられる。

　国家幹部に対する信任投票制度の導入にあたっては，議員の9割以上が党員である国会が自主性のある判断を示せるのか，票の買収などの消極的現象が横行するのではないかなどの懸念が示されていた。実際にそのような面がまったくなかったかどうかはわからないが，秘密投票などの制度的保障も奏功してか，結果として国会は，国民の目からみてもおおむね妥当とみなしうる評価を下したといえよう。国会が国民の目線に沿った評価を下すことは，党指導部にとって有用な情報を提供するものであり，また現体制への国民の信頼向上にもつながると期待できる。

　他方，投票の結果は党の主要人事にも影響しうるものであり，そのような繊細な問題を国会という比較的公開性の高い場で扱うことについては，党指導部内でも少なからず葛藤があるものとみられる。国家幹部に対する信任投

票制度は，第1回投票実施の翌年に制度の見直しが行われ，投票は毎年行われるのではなく，国会の各期につき1回，任期3年目における第2回目の通常国会で実施されることとなった。「低信任」が過半数に達することを困難にしているとみられる「3段階評価」についても見直しの議論があったが，これについては最終的に変更がなかった[35]。

(3) 考察

ドイモイ期におけるベトナムの国会は，その権限や組織，活動が継続的に刷新されてきた。しかしながら，そのなかでも，上述の2つの事例は，質的に新しい国会の政治的機能を示唆するものである。国家的開発プロジェクトに関する決定や，国会が任命・承認する国家機関幹部のパフォーマンスの評価を行うことは，議会制民主主義国家の国会であれば，具体的な制度設計は異なるとしても，基本的にその本来の機能のうちであるといえるであろう。しかし，一党独裁制のベトナムにおいては，これらの決定や評価を実質的に国会自身が行うことは所与ではない。上述の2つの事例でも，国会はあくまでも党指導部に委ねられた範囲内で自律性を発揮しているにとどまる。しかし，従来，党指導部の専権事項であったような重要プロジェクトや主要幹部人事に相当程度の影響を与えうる票決を国会議員が自らの判断で行う機会が与えられたということは，やはり画期的な出来事である。国会は，いってみれば，党の代替機関として，党内の問題解決や意見調整に一定の役割を果たし，党指導部の機能不全を補完する機能をもつようになってきたのである。

先に触れたように，Malesky (2014) は信任投票制度に焦点を当て，それが実際に政治の変革を促進するものであるというよりは，党・国家のトップリーダーたちが，体制の安定を損なう恐れのない設定のもとで，国民の関心や不満の所在についての情報を得るための制度であり，ベトナム国会の「取り込み」メカニズムを体現するものであると位置づけている。南北高速鉄道建設計画案の否決に関しては，Abrami, Malesky, and Zheng (2013, 263) およびMalesky (2014, 87) が言及しているが，いずれも直接の分析の対象とはな

っていない。Malesky, Schuler, and Anh Tran（2011）では，南北高速鉄道計画案の否決の背景を分析しているが，同計画案が国会の判断に委ねられたこと自体の政治的意義については，その重要性を指摘するにとどまり，それ以上の分析を行っていない[36]。

本章では，国会の刷新の背景として，党内リーダーシップの危機の顕在化，常態化という大きな潮流に着目したことから，2つの事例に共通する「新しさ」を抽出し，それを体制存続という目的と関連づけることができた。もっとも，これらの事例は比較的新しい出来事であり，その政治的含意についてもまだ十分に解明されていない部分もあるだろう。今後も国会が同様の機能を果たす場面が観察されるかどうか，引き続き党や国会の動向を注視していく必要があろう。

結語

ドイモイ期のベトナム共産党は，差し迫った体制の危機を認識したとき，それに対処するためのひとつの主要な方策として国会の制度や実務を刷新してきた。ドイモイ初期には，経済的混乱や汚職の蔓延，東欧・ソ連における共産党政権の崩壊などを背景に，国民の党への信頼が低下し，党内から離反者が相次いで出現した。党指導部は，反体制活動を抑圧する一方で，国会によりよく国民の意見を反映させるべく国会議員選挙制度を改革し，国会がその立法権，監察権をより適切に行使できるよう議員の質を向上させ，国会活動の自律性を強化した。そして，国民・党員の間の不満や異論を一定の範囲で公的チャネルに載せ，そのコントロール下におくとともに，国家管理の改善にもつなげようとしてきた。これらは，マレスキーらが指摘する「（限定的な意味における）アカウンタビリティ」や「取り込み」の機能に当たるといえよう。

2010年前後以降，国会は新たな政治的機能を発揮し始めている。その背景

としては，1997年以降顕在化してきた，指導部の世代交代にともなうリーダーシップの危機がある。国会は，党指導部内に対立，分裂があり，有効な解決に到達できない場合に，民主的な方法によって解決の道を開く場として機能してきた。南北高速鉄道計画の否決と国家幹部に対する信任投票の実施はこのような機能が発揮された例である。国会がこのような機能を果たす機会はまだ限られた，例外的な場面にとどまっているが，党内の意見，利害の多様化の趨勢やベトナム共産党の分散的な権力構造に鑑みて，今後もリーダーシップの危機が完全に払拭されるとは考えがたい。そうであるとすれば，国会が党指導部の機能不全を補う役割を果たす場面が今後も繰り返される可能性は小さくない。

　ボーキサイト開発問題などにも示されるように，国会が重要な政治的，政策的問題に関与することは，国民にとってみれば，政治過程の透明性を幾分なりとも高める効果がある。メディア等を通じて国会活動の公開性を保障することは，その民主的性格を担保するひとつの重要な要素としてドイモイ初期から重視されてきた。党の政治，政策過程においては往々にして結論のみが示され，結論に達する過程でどのような議論があったかは明らかにされないが，国会における討議，票決については，通常，新聞，テレビや国会のウェブサイト，国会議員と有権者の会合（およびその報道）などを通じてより多くの情報が提供される。

　国会が時として党指導部の機能不全を補完するということは，一面，一党独裁体制にとっての危機の回避に貢献することであり，その意味において，やはり国会は体制安定，維持に資する機能を果たしているということができる。また，国会を通じた政治過程の透明性の向上は，国民や党員の間での党指導部への支持を回復させ，体制の正当性を高める効果をもつことが期待される。ベトナム共産党が，体制の安定，維持のために国会を活用するという構図はドイモイ開始以来一貫しているが，そのなかで国会は，次第により重要な政治的機能を果たすようになってきている。ベトナムにおける一党独裁体制の行方を占う上でも，今後とも国会の動向に注目していく必要があるだ

ろう。

〔注〕
(1) マレスキーらは、ベトナムで広く閲覧されているネット新聞であるベトナムネットのサイト上に144人のランダムに選ばれた国会議員のページを作成し、これらの議員の国会における質問とそれに対する評点（どの程度有効に有権者を代表しているかなど）を掲載して、このような情報の公開が議員の質問行動に与える影響を観察した。
(2) これまでの選挙で自薦候補がもっとも多く当選したのは最近の第13回国会議員選挙（2011年）であるが、当選者は4人にすぎなかった。
(3) ベトナムの選挙は中選挙区制で、有権者は当該選挙区の議席数の投票権を持つ。当選するためには、候補者は少なくとも有権者の過半数の支持を得なければならない。
(4) ドイモイ期以前の国会議員はすべて、会期中以外は他の職務に従事する兼任の議員であった。2011年選出の第13期国会では、専従議員の割合は全国会議員の3割を超えている。
(5) 国家幹部の信任投票についても同様の仕組みであるとされるが、信任投票については誰が低信任票を投じたかは不明である。
(6) たとえば、垂直的アカウンタビリティに関しては、党大会における中央委員会の選出および中央委員会による政治局の選出プロセスをも検討の対象としている。
(7) 以下、本章では「党指導部」というとき、基本的に党中央委員会政治局員、とくに書記長、国家主席、首相の三者を想定する。主要な党機関としては、5年に一度開催される党大会、通常年2、3回総会を開催する中央委員会（2011年の第11回党大会では175人の中央委員選出）、および政治局（第11回党大会では14人の政治局員選出、2013年に2人補充）がある。
(8) 党幹部の「世代」については、考察の対象となる年代や論じる文脈等によって異なる定義が可能である。たとえば、Porter (1993, 105-106) は、1930年の党創設時以来の党員（第1世代）、1945年以降に入党した党員（第2世代）、およびその中間の世代を区別して、1980年代末頃までの党指導部における世代交代について論じている。本章では、1930〜1945年の入党者をひとつのグループとみなすTurley (1993) の用法に従う。
(9) 正式には「党任期中間全国代表者会議」。5年に1度の党大会の間に必要に応じて開かれる臨時党大会。
(10) 「マルクス・レーニン主義に対する信念の喪失」を現象としてとらえようとすれば、より詳細な文献等の分析が必要になると思われるが、党指導部はこ

れまでイデオロギー的立場を根本的に変えていないところから，ここでは，党指導部に反体制的であるとみなされるような政治的主張の表明が公然と行われた場合をとらえて党内におけるイデオロギー衰退の表れであると解する。
⑾　1980年憲法のもとでは，現行制度の国家主席と国会常務委員会の機能を併せ持った国家評議会という機関が設置されていた。
⑿　Abuza（2001, 168）によれば，1988年には会員数は1万人に達したとされる。
⒀　Abuza（2001, 89）も，批判者の多くが求めていたのは国会を通じて政策過程にさまざまな声を反映させることであり，明確に複数政党制の導入を訴える者は少数であると指摘している。
⒁　1981年の選挙では，同じく496人の定数に対し，候補者数は614人だった（五島1994, 16）。
⒂　自薦候補に関する規定は，1980年国会議員選挙法にはなかったが，1960年国会議員選挙法には置かれていた。ただし，1960年国会議員選挙法のもとでは，自薦候補者はごく少数であったようである（五島2014）。
⒃　第9期国会議員選挙以降，当選者の分類方法が変化していることに注意が必要である。「労働者」「農民」は第9期国会議員選挙の公表結果では，それぞれ「工業」と「農業」となっている。
⒄　第9期国会議員選挙の公表結果では，「党政治幹部」（11％）と「国家管理」（31％）に分かれている。
⒅　その後の各期においても引き続き議員の出身分野による構成は変化し，学歴レベルは向上している。第11期国会では「労働者」「農民」は合わせて2％以下となり，第12期からはカテゴリー自体消滅している。第10期国会では大卒以上の議員が9割を超えた。第13期では大卒以上の議員は98％を超え，うち半数近くが修士以上の学歴を有している。
⒆　専従議員の制度は実際には第8期国会の末期に導入されており，国会ウェブサイトの議員名簿によれば第8期には4人の専従議員がいた。http://dbqh.na.gov.vn/Ⅷ/Daibieu.aspx（2015年2月16日アクセス）参照。
⒇　たとえば，1992年には，前年に首相に就任したヴォー・ヴァン・キエットが提案した省庁再編案の多くが反対，棄権多数で否決された。
㉑　ことに，1990年代に始まった国会の質疑応答セッションのテレビ中継には国民の関心が高い。
㉒　国会改革としては，2001年憲法改正で，国家幹部に対する信任投票の実施が国会の権限に加えられたことが重要である。第3節3．（2）参照。
㉓　当時，ベトナムは，アジア通貨危機の影響もあって，1992年以来8～9％台を記録してきたGDP成長率が1999年には5％を切るまでに落ち込むなど，経済面でも苦境に立たされていた。このような状況を前に，党内の保守派は，国内の安定を重視して，国際経済統合の推進により消極的になったのに対し，

改革派は，経済成長回復のためには外国投資や輸出の促進が必須であるという確信を強めていた。ベトナムの党中央委員会が政治局との関係において比較的強い発言力をもつことについては，Abrami, Malesky, and Zheng（2013）を参照。

(24) Malesky, Schuler, and Anh Tran（2011, 351）は，2000年代後半，汚職事件の摘発が政敵に対する攻撃材料としてより頻繁に用いられるようになった可能性を示唆している。

(25) ボーキサイト開発問題はまた，党・政府の政策や統治システムのあり方自体に対するインターネット上の議論，批判が急速に拡大する契機となった。このような状況に対し，党・政府は，ブロガーを逮捕・投獄し，ジャーナリストを解雇するなど，インターネット上の言論統制を強化してきた。しかし，相当程度「反体制的」とみなされうるような記事やサイトでもしばしば閲覧可能な状態のままになっていることは，党有力者の間にもこれらの言論への支持が少なからず存在することを示しているとみられている（Vuving 2011）。

(26) "Ong Nguyen Tan Dung tai dac cu Thu tuong（グエン・タン・ズン氏，首相に再選）"，VnExpress（2011年7月26日）。

(27) "Ong Truong Tan Sang dac cu Chu tich nuoc（チュオン・タン・サン氏，国家主席に選出）"，VnExpress（2011年7月25日）。

(28) もっとも，下級レベルにおける権力乱用や汚職の問題も依然として深刻であることは，2012年のハイフォン市ティエンラン県における土地収用事件が示すとおりである（石塚・荒神2013）。

(29) 本章でも触れたチャン・スアン・バック政治局員の解任（1990年）およびレ・カ・フュー書記長の再任不支持（2001年）は，いずれも中央委員会の支持を失った人物を指導的地位から除外する決定であった。

(30) 費用対効果に関する疑問の他にも，巨額の予算による軍関連予算への影響に対する懸念，汚職問題への懸念などが指摘されている（The Hanoist 2010）。

(31) ネット新聞のVnExpress紙は，高速鉄道プロジェクト案に対する読者の意見を調査したところ，賛成は27％に過ぎなかったという（Hong Khanh 2010）。

(32) 2001年に実現したもうひとつの主要な国会制度改革は，専従国会議員の増加である。同年の国会組織法改正で，国会における専従議員の割合を少なくとも議員総数の25％とすることが定められた。実際に，2002年選出の第11期国会では，専従議員の数が大幅に増加し，とくに地方専従議員が増えたことが注目される。国会ウェブサイト上の国会議員名簿によれば，第10期国会では中央専従議員が31人，地方専従議員が6人であったのに対し，第11期国会ではそれぞれ57人と56人となった（2015年2月16日アクセス）。

(33) 2004年6月にはグエン・ドゥック・ズン議員が，教育・訓練相，保健相，情報・通信相，およびスポーツ委員会委員長の4人に対する信任投票を提案

した。2010年6月には，グエン・ディン・スアン議員が，外国企業に対する森林地域の土地の貸与に関して，カオ・ドゥック・ファット農業・農村開発相に対する信任投票を提案している。同年11月には，グエン・ミン・トゥエット議員が，大規模国営企業ビナシンの経営破綻に関する責任調査臨時委員会の設置とズン首相らに対する信任投票を提案した。管轄部門における汚職などが問題となった閣僚について首相が解任の提案を行い，国会がそれに承認を与える場合の投票は信任投票とは区別される。

(34) 秘密投票とは，投票箱による投票である。ベトナム国会では，通常電子投票による票決が行われるが，投票箱による投票は，外部の観察者にも国会指導部にも投票の中身が知られないことから，自由意思による投票を保障するものと考えられる。

(35) また，同年には第2回の信任投票が実施された。第2回投票の結果では，第1回の時と比べ，ズン首相などに対する信任のレベルが顕著に改善した（表3−1）。第2回投票の結果についても，メディアなどでは全般的に妥当な評価であると受け止められているようである。たとえば首相の場合，マクロ経済の安定化等の成果や明確な外交姿勢などが信任度向上の理由として指摘される。

(36) Malesky, Schuler, and Anh Tran（2011, 347-348）は，2008年のハノイ市域拡大提案の可決と2010年の南北高速鉄道計画案の否決の背景として，5年に一度の党大会を焦点とするベトナム政治のサイクルの存在を指摘している。そして，これらの事例は「ベトナム国会が，（以前は密室で決定され，国会の形式的承認を受けるだけの既成事実として公表されていた）国家の重要事項を公表し，決定するための重要なフォーラムとなってきたことを示している」と評価している。

〔参考文献〕

<日本語文献>

石塚二葉・荒神衣美 2013.「2012年のベトナム——深刻化する経済停滞，高まる政府批判——」アジア経済研究所編『アジア動向年報2013』アジア経済研究所 198-214.

木村哲三郎 1996.『ベトナム——党官僚国家の新たな挑戦——』（アジア現代史シリーズ5） アジア経済研究所.

グエン・ヴー・トゥン 2010.「ベトナム——国家安全保障への新たなアプローチと国防・外交政策への影響——」防衛省防衛研究所編『アジア太平洋諸国の安全保障上の課題と国防部門への影響　第1回アジア太平洋安全保障ワークショップ』（国際共同研究シリーズ5）　防衛省防衛研究所 117-134.
五島文雄 1994.「ドイモイ下における国会の変容」五島文雄・竹内郁雄編『社会主義ベトナムとドイモイ』アジア経済研究所 3-36.
——— 2014.「ドイモイ下における国会と人民評議会の変容」山田紀彦編『一党支配体制下の議会——中国，ベトナム，ラオス，カンボジアの事例から——』（調査研究報告書）　アジア経済研究所．http://www.ide.go.jp/Japanese/Publish/Download/Report/2013/2013_C13.html.（2015年2月16日アクセス）
白石昌也 2000.「国会の制度・組織・活動」白石昌也編著『ベトナムの国家機構』明石書店 83-115.
坪井善明 2002.『ヴェトナム現代政治』東京大学出版会.
中野亜里 2011.「ベトナムにおける党——国家と市民社会の関係性——『実社会』からの政治革命の要求」寺本実編『現代ベトナムの国家と社会——人々と国の関係性が生み出す「ドイモイ」のダイナミズム——』明石書店 133-182.
古田元夫 1988.「ベトナム共産党第6回大会の歴史的位置」三尾忠志編『インドシナをめぐる国際関係——対決と対話——』日本国際問題研究所 3-34.
——— 2009.『ドイモイの誕生——ベトナムにおける改革路線の形成過程——』青木書店.
村野勉 1988.「1987年のベトナム——見通し立たない経済再建——」アジア経済研究所編『アジア動向年報1988』アジア経済研究所 224-233.
——— 1989.「1988年のベトナム——『ドイモイ』路線の定着——」アジア経済研究所編『アジア動向年報1989』アジア経済研究所 226-236.
——— 1993.「1992年のベトナム——1992年憲法を公布——」アジア経済研究所編『アジア動向年報1993』アジア経済研究所 192-202.

＜英語・ベトナム語文献＞

Abrami, Regina, Edmund Malesky, and Yu Zheng. 2013. "Vietnam through Chinese eyes: Divergent Accountability in Single-Party Regimes." In *Why Communism Did Not Collapse: Understanding Authoritarian Regime Resilience in Asia and Europe*, edited by Martin K. Dimitrov. New York: Cambridge University Press, 237-275

Abuza, Zachary. 2001. *Renovating Politics in Contemporary Vietnam*. Boulder: Lynne Rienner Publishers.

——— 2002. "The Lessons of Le Kha Phieu: Changing Rules in Vietnamese Politics."

Contemporary Southeast Asia 24(1) April: 121-145.
An Dien. 2012. "Reforms in the Offing as Party Boss Apologizes." *Thanh Nien News*, October 21.
The Hanoist. 2010. "Vietnam's Gravy Ttrain Derailed." *Asia Times Online*, July 7. http://www.atimes.com/atimes/Southeast_Asia/LG07Ae02.html（2015年2月16日アクセス）
Hayton, Bill. 2011. *Vietnam: Rising Dragon*. New Haven: Yale University Press.
Hong Khanh. 2010. "Quoc hoi bac du an duong sat cao toc（国会，高速鉄道案を否決）." *VnExpress*, June 19.
Koh, David. 2010. "The Party will not be Railroaded." *Straits Times*, June 30.
Le Hong Hiep. 2013. "The One Party-State and Prospects for Democratization in Vietnam." *ISEAS Perspective*,（63）9, Dec.
Malesky, Edmund J. 2014. "Understanding the Confidence Vote in Vietnamese National Assembly: An Update on "Adverse Effects of Sunshine." In *Politics in Contemporary Vietnam: Party, State, and Authority Relations*, edited by Jonathan D. London. Basingstoke: Palgrave Macmillan, 84-99.
Malesky, Edmund and Paul Schuler. 2008. "Why Do Single-party Regimes Hold Elections? An Analysis of Candidate-level Data in Vietnam's 2007 National Assembly Contest." Paper presented at the Annual Meeting of the American Political Science Association, Boston.
―――― 2009. "Paint-by-Numbers Democracy: The Stakes, Structure, and Results of the 2007 Vietnamese National Assembly Election." *Journal of Vietnamese Studies* 4 (1) Winter: 1-48.
―――― 2010. "Nodding or Needling: Analyzing Delegate Responsiveness in an Authoritarian Parliament." *American Political Science Review* 104(3) August: 482-502.
Malesky, Edmund, Paul Schuler, and Anh Tran. 2011. "Vietnam: Familiar Patterns and New Developments ahead of the 11th Party Congress." *Southeast Asian Affairs, 2011*. Singapore: ISEAS, 337-363.
―――― 2012. "The Adverse Effects of Sunshine: A Field Experiment on Legislative Transparency in an Authoritarian Assembly." *American Political Science Review* 106(4) November: 762-786.
Porter, Gareth. 1993. *Vietnam: The Politics of Bureaucratic Socialism*. Ithaca: Cornell University Press.
Salomon, Matthieu. 2007. "Power and Representation at the Vietnamese National Assembly: The Scope and Limits of Political Doi Moi." In *Vietnam's New Order: International Perspectives on the State and Reform in Vietnam*, edited by Stephanie Balme and Mark Sidel. New York: Palgrave Macmillan, 198-216.

Sidel, Mark. 2008. *Law and Society in Vietnam: The Transition from Socialism in Comparative Perspective*. Cambridge: Cambridge University Press.

Stern, Lewis M. 1993. *Renovating Vietnamese Communist Party: Nguyen Van Linh and the Programme for Organizational Reform, 1987-91*. Singapore: Institute of Southeast Asian Studies.

Turley, William S. 1993. "Political Renovation in Vietnam: Renewal and Adaptation." In *The Challenge of Reform in Indochina*, edited by Borje Ljunggren. Cambridge: Harvard Institute for International Development. 327-347.

UNDP (United Nations Development Programme). 2011. "Reform of the Organization and Operation of Office of the National Assembly," (Research Report) UNDP. http://www.vn.undp.org/content/vietnam/en/home/library/democratic_governance/research-report--reform-of-the-organization-and-operation-of-off.html. (2015年2月16日アクセス)

Van phong Quoc hoi (国会事務局). 2003. *Lich su Quoc hoi Viet Nam Tap I* (ベトナム国会の歴史 第1巻). Nha xuat ban Chinh tri Quoc gia (国家政治出版社). http://quochoi.vn/tulieuquochoi/anpham/Pages/anpham.aspx?AnPhamID=16#. (2015年7月7日アクセス)

Vuving, Alexander L. 2011. "Vietnam: A Tale of Four Players." *Southeast Asian Affairs, 2010*. Singapore: ISEAS, 367-391.

第4章

カンボジア人民党の体制維持戦略
——議会を通じた反対勢力の取り込み・分断と選挙への影響——

山 田　裕 史

はじめに

　1979年1月に政権を掌握したカンボジア人民党は[1]，国際社会の主導によって1990年代初頭に導入された民主的政治制度という新たな政治環境に自らを適応させ，現在に至るまで36年以上にわたり政権の座を維持している。国連管理下での制憲議会選挙と新憲法制定を経て，1993年9月に立憲君主制を採用した現体制が発足して以降，カンボジアでは複数政党制による定期的選挙が実施されている。しかし，同国の政治は1990年代後半までに民主主義体制の基準から大きく逸脱する展開をみせた。すなわち，ノロドム・ラナリット第1首相（当時）の放逐に至った，人民党とフンシンペック党による1997年7月の武力衝突（以下，7月政変）を境に，人民党への実質的な統治権力の集中が進み，2000年代には同党による一党支配体制が確立したのである。
　こうした政治動向にともない，カンボジアは民主化の定着（consolidation）段階に向かっているとの見方（Brown and Timberman 1998; Albritton 2004）は説得力を失い，同国における民主化は失敗に終わったとの評価が主流となった（Heder 2005; McCargo 2005）。そして，カンボジアの政治体制は2000年代以降，「選挙権威主義（electoral authoritarianism）」（Schedler 2006; 2013; Case 2011）や「選挙独裁（electoral dictatorship）」（Peou 2007），「競争的権威主義（competitive

authoritarianism)」（Levitsky and Way 2006; 2010; Un 2011）などと形容されている。

　政府を構成するための手続きを重視する「手続き的民主主義」が国民に共有された規範となった現在，人民党も他政党と同様に競争的選挙を戦い，権力を維持することが求められる。つまり人民党にとって最も重要な課題は，いかにして次の選挙に勝利して体制を持続させるかである。そのためには，明示的または潜在的な反対勢力の拡大を抑えて政権運営の安定化を図るとともに，選挙に向けて自らに有利な政治環境を創出することが重要となる。

　近年の比較政治学では，権威主義体制下の議会の役割として，反対勢力を分断し，その一部を体制側に取り込む（co-opt）ことで体制の安定化を図ることが指摘されている（Lust-Okar 2005; Gandhi 2008; 久保 2013）。しかし実際に支配者や支配政党が議会を通じてどのように反対勢力の取り込み・分断を行っているのかを具体的に検証した事例研究は少ない（Robertson and Reuter 2013）。

　人民党も実際に議会を通じて反対勢力の取り込み・分断を行い[2]，選挙に向けて自らに有利な政治環境の構築を図ってきたが（山田 2014），従来のカンボジア研究では国民議会は「ゴム印機関にすぎない」（St. John 2005, 416）との評価がなされ，関心が向けられることは少なかった。そのため，議会を通じた人民党による反対勢力の取り込み・分断が選挙結果に影響を及ぼすことが，十分に理解されてこなかったのである。

　たとえば人民党は，2003年7月の第3期国民議会議員選挙（以下，2003年総選挙）で73議席（議席占有率59.35パーセント）を得て大勝して以降，一貫して議会指導部の構成や議会内規の改変を通じた反対勢力の取り込み・分断を行ってきた。しかし，2008年7月の第4期国民議会議員選挙（以下，2008年総選挙）と2013年7月の第5期国民議会議員選挙（以下，2013年総選挙）は，人民党にとって対照的な結果となった。同党は2008年総選挙で過去最大となる90議席（議席占有率73.17パーセント）を獲得する一方，2013年総選挙では68議席（議席占有率55.28パーセント）しか獲得できず，大幅に議席数を減らしたのである。

2008年総選挙と2013年総選挙時の違いとして，後者ではポル・ポト政権による圧政とそれに続く内戦期の混乱を知らない若年層が増加し，選挙人の15パーセント以上が初めて選挙権を獲得したこと，およびソーシャル・メディアの浸透によって人々が多角的かつ客観的な情報へアクセスできるようになったことが指摘できる（山田 2013, 6-7）。

　とはいえ，人民党は従来と同様，選挙管理機関とメディアを支配し，国家資源を利用した選挙運動や票の買収，選挙人名簿の改竄を行うなど，圧倒的に有利な選挙戦を展開した。さらに，人民党の党員数は2013年3月時点で過去最大の約566万人（人口の38.55パーセント，選挙人の58.48パーセント）に達したことに加え（山田 2013, 5），経済状況も2008年総選挙時と比べて好転するなど[3]，選挙を取りまく全般的な環境は人民党にとって前回以上に有利だったともいえる。それにもかかわらず，なぜ人民党は大きく議席を減らしたのだろうか。

　筆者はそのおもな要因を，選挙前に反人民党勢力が結集して形成した救国党の存在にあると考える。換言すれば，第3期国民議会（2003～2008年）では人民党が巧みに反対勢力の取り込み・分断を行い，その弱体化に成功したものの，第4期国民議会（2008～2013年）では潜在的な反対勢力のみを取り込み対象とし，明示的な反対勢力の分断に失敗し，救国党の結成を回避できなかったのである。そして救国党は結果として，初めて選挙に参加した若年層とそれまで分散していた反人民党票の受け皿となり，躍進を果たしたと考えられる。

　そこで本章は，カンボジアを事例に支配政党による反対勢力の取り込み・分断過程を検証するとともに，その選挙への影響を考察する。具体的には，人民党が第3期および第4期国民議会において，明示的または潜在的な反対勢力の取り込みと分断を図り，どのように自らに優位な政治環境を構築しようとしたのかその過程を検証する。そのうえで，第3期と第4期の比較を通じて，人民党が第4期国民議会では潜在的な反対勢力のみを取り込み対象とし，明示的な反対勢力の分断に失敗したため，選挙に有利な環境を構築でき

なかったことを明らかにしたい。

　以下，本章は次のような順で論を進めていく。まず第1節では，1993年以降のカンボジア政治における選挙と国民議会の位置づけを確認する。第2節では，第3期国民議会において人民党が議会指導部の構成と議会運営に関するルールの変更を通じて，反対勢力の取り込み・分断と弱体化を図る過程を明らかにする。それをふまえて第3節では，第4期国民議会での人民党による対野党工作を考察し，第3期との違いを明らかにするとともに，2013年総選挙への影響について論じる。そして「おわりに」では，カンボジアでも議会が権威主義体制維持の一手段として活用されていることを確認しつつも，取り込みや分断の対象次第では選挙結果に大きな違いをもたらし，選挙戦略という点において議会が重要性をもっていることを指摘する。

第1節　カンボジア政治における選挙と議会の位置づけ

　本論に入る前にまず，1993年以降のカンボジア政治における選挙と議会の位置づけを述べ，選挙に比して国民議会が軽視されてきたことを確認する。複数政党制による定期的選挙に勝利することが人民党支配にとって最も重要な正当性の源泉として重視される一方で，国民議会は政治ポストとしても権力機関としても二次的とみなされ，国民や援助供与国・機関だけでなく，研究者の関心もあまり向けられてこなかったのである。

1．正当性の源泉としての選挙

　カンボジアでは1993年以降，「複数政党制に立脚した自由民主主義体制」（憲法第1条）が「共有された規範と価値」，すなわち「信念体系やイデオロギー」（Alagappa 1995, 15）となり，競争的かつ定期的な選挙が政権を獲得するためのルールとして定着している。こうした規範と価値，ルールの導入は，

国際化したカンボジア紛争（いわゆる「カンボジア問題」）の和平プロセスの一環として国際社会が主導したものである。

　人民党は競争的かつ定期的な選挙というルールを，一党支配体制を確立した後も維持しているが，その背景として次の2点が指摘できる。

　第1に，現体制の基本的枠組みとしての，パリ和平協定の存在である。同協定は新憲法の諸原則として，体制移行後のカンボジアが「複数政党制に立脚した自由民主主義体制」を採用すべきことを盛り込んでいた。したがって同国では1993年以降，「手続き的民主主義」が，すべての政党が受け入れるべき規範となった。すなわち，複数政党が参加する定期的選挙というルールが人民党の行動様式を規定しており，人民党はそれに勝利することで支配の正当性を獲得するのである。

　第2に，「手続き的民主主義」を維持することが，国際社会による対カンボジア援助供与の大前提となっている点である。カンボジアは1993年から2001年にかけて，諸外国・機関から平均で名目GDPの約12.7パーセント（年間3億〜5億米ドルに相当）にもおよぶ多額の援助を受け，そのうち約半分を中央政府の国家予算に組み込んできた（天川 2003, 34）。その後も援助額は増加し，たとえば2009年向けの援助公約額の総額は9億5150万米ドルとなり，2008年比で38パーセント増加した（天川 2009, 224; Ear 2013, 28-29）。

　国際社会からの援助獲得は，インフラ整備をはじめ経済開発の担い手を自任する人民党にとって，支配の正当性にかかわる重要な問題である。人民党は1997年の「7月政変」後，国際社会から開発援助を凍結されたほか，ASEAN加盟の無期限延期や国連総会でカンボジアの議席を空席扱いとされた苦い経験をもつ。こうした事態を回避して援助を獲得するには，人民党は自らの政府が国民の意思に基づく正当なものであることを，国際社会に対して証明しなければならない。そのための手段が選挙である。

　したがって，人民党にとって選挙を定期的に実施し，それに勝利することは，「人民党は国家を適切に統治できる唯一の政党であり，カンボジアに平和をもたらし，カンボジアを国際社会における主権国家としての正当な地位

に復帰させた唯一の政党である」という同党の主張を裏付けるとともに(Hughes 2009)，支配の正当性を確保する最も重要な手段となっているのである。

2．二次的機関としての議会

　選挙の重要性に比して，国民議会はこれまで軽視され，政治ポストとしても権力機関としても二次的な存在ととらえられてきた。まず，政治ポストという観点から国民議会をみると，人民党内では国民議会議員というポストに，それほど高い価値がおかれていないことが指摘できる。なぜならば，総選挙の投開票後から選挙結果が確定するまでの期間に，人民党の複数の当選者が議員就任を辞退し，拘束名簿の下位の候補者が繰り上げ当選しているからである。議員就任を辞退した党幹部の多くは現職の大臣や長官，副長官，高級官僚のほか，上院議員や国軍の将官などであり，議員就任辞退後は閣僚に就任したり，上院や国軍などの要職に復帰したりするのが通例となっている[4]。こうした選挙後の議員ポストの返上は，2003年総選挙と2008年総選挙の双方で数多くみられた[5]。

　議員就任を辞退して名簿下位の候補者に議員ポストを融通することは，党内に幅広く利益を分配するための権力分有措置としての意味もあろう。なぜならば，国民議会議員は政治ポストとしては二次的であっても，2014年時点で月額約2000～2500米ドル（秘書と運転手ひとりずつの給与を含む）という高額の歳費・各種手当てが支給されるからである[6]。しかし党幹部にとっては，議員就任を辞退しても閣僚ポストを得ることができれば，諸外国・機関からの援助や国内外からの民間投資などさまざまな利権に浴することができるため，議員ポストに固執する必要はないと思われる。

　つぎに，権力機関という観点から国民議会をみるために，議会指導部として議会の実質的な運営を担う国民議会常任委員会と9つの委員会の構成について確認する。常任委員会は本会議の議案の準備や各委員会への法案の送付，

議員に対する懲罰の決定などの重要な役割を担うほか，議会の閉会期間中には議会の職務にあたる。同委員会は，国民議会議長，同第1および第2副議長，各委員会委員長9人の計12人で構成され[7]，集会の定足数は委員数の過半数である（国民議会内規第7条）。

一方，各委員会は少なくとも7人から構成され，委員長ひとり，副委員長ひとり，書記ひとりを選挙する。各委員会の集会の定足数は，委員数の過半数である（国民議会内規第10条）。第1期（1993～1998年）から第4期国民議会では，以下の9つの委員会が設置されていた（国民議会内規第6条）。

①人権・異議申立て受理・調査・議会関係委員会（第1委員会）
②経済・財政・銀行・監査委員会（第2委員会）
③計画・投資・農業・地方開発・環境・水資源委員会（第3委員会）
④内務・国防・調査・浄化・公務員委員会（第4委員会）
⑤外務・国際協力・宣伝・情報委員会（第5委員会）
⑥法務・司法委員会（第6委員会）
⑦教育・青年・スポーツ・儀典・宗教・文化・観光委員会（第7委員会）
⑧保健・社会・退役軍人・青年更正・労働・職業訓練・女性委員会（第8委員会）
⑨公共事業・運輸・通信・郵便・工鉱業・エネルギー・商業・国土整備・都市化・建設委員会（第9委員会）

人民党は第3期国民議会以降，党指導部と国民議会指導部の人的一体化を進めた。まず2005年1月の人民党第5期中央委員会第31回総会において，パエン・パンニャー国民議会第1委員会委員長，チアム・ジアプ同第2委員会委員長，アエク・ソムオル同第6委員会委員長が党中央委員会常任委員に昇格した。また同年11月の臨時党大会において，モム・チュムフイ国民議会第7委員会委員長とトリー・チアンフォト同第3委員会副委員長が党中央委員に選出された。これら5人はいずれも1980年代から国民議会議員や大臣，副大臣などを歴任してきた古参幹部である。これにより，第3期国民議会常任

委員会の人民党議員7人の内訳は，党中央委員会常任委員が2人から5人へ，党中央委員が4人から2人となった。

こうした傾向は，人民党が国民議会常任委員会を独占した第4期国民議会においてさらに顕著となった。国民議会常任委員12人のうち，党中央委員会常任委員が6人，党中央委員が5人を占めるに至り[8]，党指導部の意向がより確実に議会指導部に反映される体制が構築された。人民党にとっては，党

表4-1　国民議会常任委員会の構成（1993～2013年）

	第1期国民議会 1993～1998年	第2期国民議会 1998～2003年	第3期国民議会 2003～2006年3月	第3期国民議会 2006年3月～2008年	第4期国民議会 2008～2013年
議長	CPP	FUN	FUN	CPP	CPP
第1副議長	FUN	CPP	CPP	CPP	CPP
第2副議長	BLDP	CPP	CPP	FUN	CPP
第1委員会委員長	BLDP	CPP	CPP	CPP	CPP
第2委員会委員長	CPP	CPP	CPP	CPP	CPP
第3委員会委員長	FUN	FUN	FUN	FUN	CPP
第4委員会委員長	CPP	FUN	FUN	SRP	CPP
第5委員会委員長	FUN	FUN	FUN	SRP	CPP
第6委員会委員長	CPP	FUN	CPP	CPP	CPP
第7委員会委員長	CPP	CPP	CPP	CPP	CPP
第8委員会委員長	FUN	CPP	CPP	CPP	CPP
第9委員会委員長	FUN	SRP	FUN	FUN	CPP
ポスト配分数	CPP 5 FUN 5 BLDP 2	CPP 6 FUN 5 SRP 1	CPP 7 FUN 5	CPP 7 FUN 3 SRP 2	CPP 12
議席数	FUN 58 CPP 51 BLDP 10 MOLINAKA 1	CPP 64 FUN 43 SRP 15	CPP 73 FUN 26 SRP 24		CPP 90 FUN 2 SRP 26 HRP 3 NRP 2

（出所）国民議会各種資料をもとに筆者作成。
（注）1)「CPP」はカンボジア人民党，「FUN」はフンシンペック党，「BLDP」は仏教自由民主党，「MOLINAKA」はモリナカ党，「SRP」はサム・ランシー党，「HRP」は人権党，「NRP」はノロドム・ラナリット党を示す。
　　　2) 政党名の後の数字は，常任委員会に占める各政党所属議員の数，または獲得議席数を示す。
　　　3) 網掛け部分は野党を示す。

内で議案の審査や調整を行えば,議会での実質的な議論はほとんど不要となり,非常に「効率的」な議会運営が可能となる。議会は権力機関として完全に二次的な存在となったのである（表4−1を参照）。

このように人民党一党支配体制下の国民議会は,政治ポストとしても,権力機関としても二次的な地位にあるため,その動向はあまり注目されてこなかった。たとえば,国民議会の運営状況はテレビや新聞などでも報道されるが[9],国民の関心は総じて低いのが現状である。一般の国民が国民議会の見学や議会本会議の傍聴に訪れることはほとんどないだけでなく,有権者が議員事務所に陳情を寄せることも非常に少ない[10]。

同様に,対カンボジア援助供与国・機関の間でも,国民議会に対する関心はそれほど高くない。選挙監視団を派遣し,ときには選挙運営に対する批判的な声明を発出するといった,選挙に対する関心の高さとは対照的である[11]。またカンボジア研究においても,国民議会は「政府の支配と介入に屈しており」(Peou 2007, 92),「ゴム印機関にすぎない」(St. John 2005, 416) といった評価がなされてきた。

つまり,これまで国民議会はカンボジア政治おいて重要な機関と認識されておらず,人民党の選挙戦略にとって重要な役割を果たすとは考えられてこなかったのである。一方,こうした国民議会に対する内外の関心の低さは,人民党が国民議会を操作するうえで好条件であったといえる。次節以降では,人民党が国民議会を通じて反対勢力をどのように取り込み,分断し,そして弱体化させたのか,その過程を考察する。

第2節　第3期国民議会（2003〜2008年）

本節では,第3期国民議会において人民党が,国民議会常任委員会と9つの委員会におけるポスト配分,そして憲法と国民議会内規の変更を通じて,反対勢力の取り込み・分断と弱体化を図る過程を跡づける。議会の実質的な

議事運営を担うこれらの委員会を支配し，国民議会の定足数について規定した憲法の条項と，議事運営手続きを定めた国民議会内規を自らに有利な内容に変更することで，人民党は議会を意のままにコントロールしたのである。

1．フンシンペック党の取り込み，サム・ランシー党の排除（2004～2006年）

（1）フンシンペック党の取り込み

　人民党は2003年総選挙（定数123）において73議席（前回比9議席増）を得て伸長したが，単独内閣の樹立に必要とされる定数の3分の2（82議席）には届かなかった。一方，1993年から人民党と連立政権を組むフンシンペック党は，前回選挙から続く退潮傾向に歯止めがかからず，26議席（前回比17議席減）という大敗を喫した。これに対して野党のサム・ランシー党は，首都プノンペン選挙区で人民党とフンシンペック党を破るなど，24議席（前回比9議席増）を獲得する躍進を果たした（表4－2を参照）。

　選挙後，フンシンペック党とサム・ランシー党は「民主主義者同盟」を結成し，フン・セン首相の交代および3党連立によるオール与党体制の樹立を望む旨を表明した。しかし，これらの要求は人民党に拒絶され，その後，政治的膠着状態によって新内閣を樹立できない事態が1年近く続くこととなる。

　この間，国民議会は機能不全に陥った。憲法の規定では，選挙から60日以内に最初の会期を開会することになっているが，2003年10月にようやく当選者の就任宣誓が行われ，第3期国民議会の開会が宣言されたのは同年12月であった。しかも，政党間の対立から議会指導部の選出を行うことができず，選挙後初の会合は即座に閉会するに至った（天川2004）。

　2004年3月，人民党とフンシンペック党は2党連立内閣の樹立に合意し，同年7月にはフン・センを首相とする新内閣が発足した。2003年総選挙でフンシンペック党の凋落が顕著となったにもかかわらず，人民党は，閣僚ポストと州知事・市長ポストの4割をフンシンペック党に提供した。こうした取り込みを図ることで，フンシンペック党とサム・ランシー党による民主主義

第4章 カンボジア人民党の体制維持戦略

表 4-2 制憲議会選挙および国民議会選挙の結果（1993～2013年）

政党	制憲議会選挙（1993年5月）投票率89.56% 参加政党数20				第2期国民議会選挙（1998年7月）投票率93.74% 参加政党数39				第3期国民議会選挙（2003年7月）投票率83.22% 参加政党数23			
	得票数	得票率	議席数	議席占有率(%)	得票数	得票率	議席数	議席占有率(%)	得票数	得票率	議席数	議席占有率(%)
カンボジア人民党	1,533,471	38.23	51	42.50	2,030,790	41.42	64	52.46	2,447,259	47.35	73	59.35
フンシンペック党	1,824,188	45.47	58	48.33	1,554,405	31.71	43	35.25	1,072,313	20.75	26	21.14
サム・ランシー党	-	-	-	-	699,665	14.27	15	12.30	1,130,423	21.87	24	19.51
仏教自由民主党	152,764	3.81	10	8.33	-	-	-	-	-	-	-	-
モリナカ党	55,107	1.37	1	0.83	8,395	0.17	0	0	6,808	0.13	0	0
その他	446,101	11.12	0	0	609,253	12.43	0	0	512,034	9.91	0	0
有効票	4,011,631	94.01	-	-	4,902,508	96.93	-	-	5,168,837	97.94	-	-
無効票	255,561	5.99	-	-	155,289	3.07	-	-	108,657	2.06	-	-
合計	4,267,192	100	120	100	5,057,797	100	122	100	5,277,494	100	123	100

政党	第4期国民議会選挙（2008年7月）投票率75.21% 参加政党数11				第5期国民議会選挙（2013年7月）投票率69.61% 参加政党数8			
	得票数	得票率	議席数	議席占有率(%)	得票数	得票率	議席数	議席占有率(%)
カンボジア人民党	3,492,374	58.11	90	73.17	3,235,969	48.83	68	55.28
フンシンペック党	303,764	5.05	2	1.63	242,413	3.66	0	0
サム・ランシー党	1,316,714	21.91	26	21.14	-	-	-	-
人権党	397,816	6.62	3	2.44	-	-	-	-
ノロドム・ラナリット党	337,943	5.62	2	1.63	-	-	-	-
救国党	-	-	-	-	2,946,176	44.46	55	44.72
その他	161,666	2.69	0	0	202,601	3.06	0	0
有効票	6,010,277	98.35	-	-	6,627,159	98.40	-	-
無効票	100,551	1.65	-	-	108,085	1.60	-	-
合計	6,110,828	100	123	100	6,735,244	100	123	100

（出所）国連カンボジア暫定統治機構（UNTAC）および国家選挙委員会（NEC）発表の選挙結果をもとに筆者作成。
（注）網掛け部分は与党を示す。

者同盟の分断に成功したのである。

　2004年7月に第3期国民議会が正常化すると，人民党は議会においても政治ポストの供与を通じてフンシンペック党の取り込みを図るとともに，サム・ランシー党を議会の政策決定過程から排除する動きをみせた。

　まず，人民党はフンシンペック党に国民議会議長ポストを供与し，党首のノロドム・ラナリットを議長に再任した。各委員会の委員長ポストは，人民党が5つ，フンシンペック党が4つ獲得し，委員長ポストを獲得した政党がその委員会で過半数を占めることとなった。これにより，常任委員会の内訳は人民党7人，フンシンペック党5人となり，フンシンペック党は議会にお

表　4－3　国民議会内各委員会の構成（1993～2013年）

	第1期国民議会	第2期国民議会	第3期国民議会		第4期国民議会
	1993～1998年	1998～2003年	2003～2006年3月	2006年3月～2008年	2008～2013年
第1委員会	● BLDP 1，■ CPP 3，FUN 3	● CPP 5，■ FUN 3，SRP 1	● CPP 4，■ FUN 3	● CPP 4，■ FUN 3，SRP 2	●■ CPP 7
第2委員会	● CPP 3，■ FUN 4	● CPP 5，■ FUN 3，SRP 1	● CPP 4，■ FUN 3	● CPP 4，■ FUN 3，SRP 2	●■ CPP 7
第3委員会	● FUN 3，■ CPP 3，BLDP 1	● FUN 5，■ CPP 3，SRP 1	● FUN 4，■ CPP 3	● FUN 4，■ CPP 3，SRP 2	●■ CPP 7
第4委員会	● CPP 4，■ FUN 4，BLDP 1	● FUN 5，■ CPP 3，SRP 1	● FUN 4，■ CPP 3	● SRP 2，■ CPP 3，FUN 4	●■ CPP 7，NRP 1
第5委員会	● FUN 3，■ BLDP 1，CPP 3	● FUN 5，■ CPP 3，SRP 1	● FUN 4，■ CPP 3	● SRP 2，■ CPP 3，FUN 4	●■ CPP 7
第6委員会	● CPP 4，■ FUN 3	● FUN 5，■ CPP 3，SRP 1	● CPP 4，■ FUN 3	● CPP 4，■ FUN 3，SRP 2	●■ CPP 7
第7委員会	● CPP 3，■ FUN 3，BLDP 1	● CPP 5，■ FUN 3，SRP 1	● CPP 4，■ FUN 3	● CPP 4，■ FUN 3，SRP 2	●■ CPP 7
第8委員会	● FUN 3，■ CPP 3，BLDP 1	● CPP 5，■ FUN 3，SRP 1	● CPP 4，■ FUN 3	● CPP 4，■ FUN 3，SRP 2	●■ CPP 7
第9委員会	● FUN 3，■ CPP 3，BLDP 1	● SRP 3，■ FUN 3，CPP 3	● FUN 4，■ CPP 3	● FUN 4，■ CPP 3，SRP 2	●■ CPP 7，FUN 1

（出所）国民議会各種資料をもとに筆者作成。
（注）1）「●」は委員長ポスト，「■」は副委員長ポストを獲得した政党を示す。
　　　2）「CPP」はカンボジア人民党，「FUN」はフンシンペック党，「BLDP」は仏教自由民主党，「SRP」はサム・ランシー党，「NRP」はノロドム・ラナリット党を示す。
　　　3）政党名の後の数字は，各委員会の構成員の数を示す。

いても一定の影響力を確保した（表4－1および表4－3を参照）。つまり人民党はフンシンペック党に議会の主要ポストを供与し，政策決定過程に参加させることで取り込みを図ったのである。

（2）サム・ランシー党の排除と国民議会内規の改正

他方，人民党は次の5つの手段を通じてサム・ランシー党の封じ込めを図った。第1に，国民議会常任委員会および各委員会からサム・ランシー党を排除したことが指摘できる。サム・ランシー党は15議席を獲得した第2期国民議会（1998～2003年）において，第9委員会の委員長ポストおよび各委員会の委員ポストを得ていた。しかし2003年総選挙で24議席へ躍進したにもかかわらず，第3期国民議会の前半期（2003年～2006年3月）では[12]，サム・ランシー党は常任委員会のみならず各委員会の委員ポストさえ得られなかったのである（表4－1および表4－3を参照）。これは，国民議会に議席を有する政党は原則として委員会にポストを得るという，1993年以来の慣例に反するものであった。

第2は，サム・ランシー党議員の議員特権の剥奪である。2005年2月に開催された第3期国民議会第2回常会は，サム・ランシー，チア・ポーイ，チアム・チャンニーの議員特権の剥奪を議決した（Rathsaphea 2006b, 1-2）。それぞれの理由は，サム・ランシーとチア・ポーイは首相と国民議会議長に対する名誉毀損，チアム・チャンニーは違法な軍隊を組織したというものであった。議員特権の剥奪には議員総数の3分の2以上の賛成が必要であり，人民党はフンシンペック党の協力を取り付けることに成功したのである。なお，サム・ランシーとチア・ポーイは出国したが，国内にとどまったチアム・チャンニーは逮捕され，軍事裁判所に起訴された[13]。

第3に，国民議会本会議の定足数の削減である。議員特権の剥奪に激しく反発したサム・ランシー党は以後，第2回常会（2005年2～5月）への出席を拒否した。これに加えて，政府の職務と重なり本会議を欠席する人民党とフンシンペック党の議員が複数いたため，定足数割れで本会議が開催できな

いという問題が頻繁に生じた。ここで人民党とフンシンペック党がとった対応は，憲法（第88条）と国民議会内規（第47条）を改正して定足数を削減するというものであった[14]。

　2005年6月に開催された第3期国民議会臨時会は，サム・ランシー党議員が登院を拒否するなか，定足数を議員総数の10分の7（＝87人）から5分の3（＝74人）に削減することを議決した。これにより，サム・ランシー党全議員が欠席しても，人民党全議員に加えてフンシンペック党議員がひとりでも出席すれば，人民党は本会議を開催できるようになったのである。

　第4に，本会議における野党の発言機会に制限を課すことを目的とした，グループ（krom）制の導入である。これは，各議員は13人以上で1グループを形成し，発言する際はそのグループを通じて議長に許可を求め，議長の許可を得てから発言しなければならないという制度であり，2005年2月に国民議会内規（第48条）を改正して導入された。人民党議員によれば，グループ制の導入以前は各議員が挙手によって発言を求めていたが，とくに野党の同一議員が何度も発言を求めたり，指名されなかった議員が不満を抱き，議会運営が党派的であると議長を批判したりするなどの問題が生じたため，議会の秩序を維持するためにグループ制を導入したという[15]。

　この規定により，各党のグループ数は，人民党（73議席）が5グループ，フンシンペック党（26議席）が2グループ，サム・ランシー党（24議席）が1グループとなった。なぜ人民党が各グループの構成員数を13人以上としたのかは明らかではないが，フンシンペック党がサム・ランシー党よりも多くのグループを形成できるように配慮しつつ，サム・ランシー党の発言の機会を相対的に減らそうとしたものと考えられる。

　第5に，本会議における議員の発言を制止し，禁止する権限を国民議会議長に付与した点である。国民議会内規（第58条）は「各議員が発言する際は討論中の議題に関してのみ発言するものとし，発言内容が議題から逸れた場合，議長は発言者に注意を促す」と規定していた。しかしこの条項は，グループ制の導入と同じく2005年2月に改正され，「当該発言者がなおも議題か

ら逸れた発言を続けた場合，議長は当該発言者の発言を制止し，以後，発言を禁止することができる」との一文が追加された。これは，発言のなかで政府や人民党に対する批判的意見を述べる野党議員が多かったため，それを制限することが目的であったと考えられる[16]。

以上のように，人民党は連立内閣のパートナーとして取り込んだフンシンペック党の協力を得ながら，①各委員会からの野党排除，②野党議員の議員特権剥奪，③本会議の定足数の削減，④グループ制の導入，⑤議員の発言の制止・禁止に関する議長権限の強化といった手段を通じて，議会の実質的な政策決定過程からサム・ランシー党を締め出すとともに，党首らを事実上の亡命に追い込むことで野党の弱体化を図ったのである。

2．サム・ランシー党の取り込み，フンシンペック党の排除と分断（2006〜2008年）

（1）憲法の「3分の2条項」改正とサム・ランシー党の取り込み

2007年4月に第2期行政区・地区評議会選挙（以下，2007年地方選挙）[17]，翌年7月に2008年総選挙を控えるなか，サム・ランシー党の封じ込めに成功した人民党にとって，次なる標的は連立与党のフンシンペック党であった。人民党はサム・ランシー党に対する態度を軟化させ，同党の協力を取り付けてフンシンペック党の追い落としを画策したのである。

フン・セン首相とラナリット国民議会議長に対する名誉毀損で2005年12月に禁錮18カ月の有罪判決を受けていたサム・ランシー党首は，2006年2月にフン・センとラナリット宛に謝罪文を送った後，国王から恩赦を付与されて約1年ぶりに帰国した。サム・ランシーは帰国の翌日にフン・センと直接会談を行い，内閣信任に関する憲法の「3分の2条項」を過半数に削減する憲法改正案を提起した[18]。その理由として，1998年および2003年総選挙後のような，長期間におよぶ新政府の不在による政治的混乱を避けるためであるとの説明がなされた。しかし実際には，サム・ランシーが憲法改正案に賛成す

ることと引き換えに,フン・センが国王に恩赦の付与を要請するという,政治的取引があったのではないかと推察される[19]。

サム・ランシーが提案した憲法改正案に対して,人民党は直ちに歓迎の意を示すとともに,2008年総選挙で同党が勝利した場合,サム・ランシー党との連立内閣を樹立する可能性を示唆した。それまで人民党との全面対決の構えをみせていたサム・ランシー党は,人民党との協調や同党に対する建設的批判によって,一定の権力基盤を確保しようとする現実路線へ転換した。両党は急速に接近し始めたのである。

他方,フンシンペック党は人民党の連立内閣のパートナーであるにもかかわらず,憲法改正論議に関しては完全に蚊帳の外におかれた。フンシンペック党は,同党への配慮を欠く人民党の言動に不快感を示しながらも,最終的には憲法改正を容認するに至った。

こうした政治的背景と政党間の駆け引きのもと,内閣信任に関する憲法の「3分の2条項」を過半数に削減する憲法改正が2006年3月に実施された。これと同時に,本会議の定足数について規定した憲法(第88条)と国民議会内規(第47条)が再び改正され,定足数は5分の3(=74人)から過半数(=62人)に削減された[20]。これにより,野党が審議を拒否しても,議会の過半数を占める人民党は単独で本会議を開催し,通常の法案を可決できるようになったのである。ただし,議員総数の3分の2以上の承認を必要とする議案(たとえば,憲法改正や議員特権の剥奪)については,定足数は3分の2となった。

さらにこの時,国民議会内規の改正要件について規定した同内規(第82条)が改正され,改正に必要とされる議員の数が,議員総数の3分の2(=87人)から過半数(=62人)に削減された。これにより,人民党は国民議会内規の改正も単独で行えるようになったのである。

以上のように,第3期国民議会では議事運営手続きが人民党に有利な形へ改変され,2006年3月までに同党は単独で,①内閣の樹立,②国民議会の開催,③国民議会内規の改正が可能となったのである。「たとえサム・ランシ

一党の議員たちが承認せずとも,重要なのは過半数の承認を得ることだけである」(COMFREL 2009, 17) という人民党議員の発言が示すように,人民党は「数の論理」に基づき,自らに有利な統治のためのルールづくりを進めたのである。ただしこれらの制度変更は,すべて憲法と国民議会内規が定める手続きに沿って「合法的」に行われたことを付言しておく。

(2) フンシンペック党の排除と分断

人民党は憲法改正後もフンシンペック党との連立を維持したが,実質的にはフンシンペック党員を主要国家機関の要職から排除し,さらには同党の分裂を画策した。フン・センはまず,両党間での権力分有措置として1993年から続いてきたクオータ制 (quota system)[21]を廃止することを宣言した。そして,諸改革の一環として行政の効率化を図るためとの理由で,フンシンペック党のノロドム・セライヴット副首相兼内務共同大臣とニュク・ブンチャイ副首相兼国防共同大臣を,それぞれ内務共同大臣と国防共同大臣から更迭した。ラナリットはこの決定に抗議する形で国民議会議長を辞職した。しかしそれでもフン・センは翻意することなく,2006年7月までの4カ月間に,内閣や国民議会,国家選挙委員会,地方行政機関などの主要国家機関において,約70件にもおよぶ大規模な人事異動を断行した。その目的は,「無能な閣僚や役人を解任して行政の効率化を図るため」であるとされた。しかし実際には,フンシンペック党員だけが解任されるという,きわめて政治的な人事であった (山田 2007)。

人民党との協力関係のあり方をめぐり,フンシンペック党内で反ラナリットの動きが表面化すると,フン・センはラナリットの指導力の弱さを批判するとともに,ニュク・ブンチャイ副首相らフンシンペック党内の反ラナリット派への支持と協力関係の維持を表明した。これを受けて反ラナリット派は2006年10月に臨時党大会を開催し,ラナリットを「歴史的党首」という名誉職に追いやり,ラナリットの義弟で駐ドイツ大使のカエウ・プットレアスマイを党首に選出した[22]。この決定に激しく反発したラナリットは,同年11月

にノロドム・ラナリット党を旗揚げして自ら党首に就任した。こうしてフン・センは，1990年代と同様[23]，フンシンペック党の内紛に関与することで，同党のさらなる分断を図ることに再び成功したのである。

ラナリットに対する攻撃はさらに続いた。2006年12月，ラナリットとその側近が国民議会議員職から，ラナリットの異母弟が上院議員職から免職された。さらにラナリットは，フンシンペック党本部の売却に絡む背任の容疑で同党に告訴されたほか，重婚禁止法に違反したとして[24]，妻ノロドム・マリー・ラナリットからも告訴された。2007年3月，背任罪で禁錮18カ月と罰金15万米ドルの有罪判決が下されると，ラナリットは収監を免れるために，直ちにマレーシアへ向けて出国した。その結果，ラナリットは2008年総選挙に参加できず，政治生命を絶たれるに至った[25]。

他方，ラナリット議長辞任後の国民議会では，人民党名誉党首のヘン・サムリン第1副議長が議長に昇格した。また，フンシンペック党に割り当てられていた4つの委員会委員長ポストの半分（第4委員会と第5委員会）がサム・ランシー党に付与された[26]。これにより国民議会常任委員会の構成は，人民党7人，フンシンペック党3人，サム・ランシー党2人となり，フンシンペック党の影響力は相対的に低下した（表4－1を参照）。また，サム・ランシー党は各委員会に2人ずつ加わり，委員会審議に参加できるようになった（表4－3を参照）。

さらに2006年4月には，グループ制にも変更が加えられた。グループ形成に必要な議員数が13人以上から10人以上へと削減された結果，人民党は2グループ増えて7グループ，フンシンペック党は2グループのまま変わらず，サム・ランシー党は1グループ増えて2グループを形成するようになった。こうしてサム・ランシー党が議会の政策決定過程に再び参画する一方で，フンシンペック党はその影響力を低下させたのである。

3．2008年総選挙への議会工作の影響

人民党による分断工作によってフンシンペック党とノロドム・ラナリット党に分裂した王党派は，2007年地方選挙において惨敗した。人民党とサム・ランシー党の得票率がそれぞれ60.82パーセントと25.19パーセントであったのに対して，フンシンペック党とノロドム・ラナリット党の得票率は，それぞれ5.36パーセントと8.11パーセントにすぎなかった（表4－4を参照）。

さらに2008年総選挙が近づくと，人民党はフンシンペック党やサム・ランシー党の幹部に，次期政権における主要ポストの提供を約束して人民党への移籍を促した。フンシンペック党所属の内閣構成員のうち，2008年1月に女性大臣，儀典・宗教大臣，民間航空庁長官が人民党へ移籍したほか，同年4月には上級大臣のひとりもフンシンペック党を離党した。さらに同年5月には，フン・センが人民党に移籍したフンシンペック党とサム・ランシー党の幹部を各省の副長官に任命したことをきっかけに，他党から人民党への移籍

表 4－4 第2期行政区・地区評議会選挙の結果（2007年4月）

政党名	得票数	得票率	議席数（うち議長）	議席占有率（うち議長）（％）
カンボジア人民党	3,148,533	60.82	7,993 (1,591)	70.40 (98.15)
フンシンペック党	277,545	5.36	274 (2)	2.41 (0.12)
サム・ランシー党	1,303,906	25.19	2,660 (28)	23.43 (1.73)
クメール民主党	7,685	0.15	0 (0)	0 (0)
ノロドム・ラナリット党	419,791	8.11	425 (0)	3.74 (0)
ホーン・ダラー民主運動党	8,762	0.17	1 (0)	0.01 (0)
民主連合党	1,453	0.03	0 (0)	0 (0)
その他	9,194	0.18	0 (0)	0 (0)
有効票	5,176,869	97.80	－	－
無効票	116,458	2.20	－	－
合計	5,293,327	100	11,353 (1,621)	100

投票率67.87％　参加政党数12

（出所）国家選挙委員会（NEC）発表の選挙結果をもとに筆者作成。
（注）網掛け部分は与党を示す。

が相次いだ。人民党は選挙での勝利に向け，自らに有利な政治環境の整備を着々と進めたのである。

こうした状況のなかで実施された2008年総選挙の結果は，123議席中，人民党が3分の2を上回る90議席を獲得して圧勝した。2007年地方選挙で躍進したサム・ランシー党は，前回比2議席増の26議席にとどまった。初めて選挙に参加した人権党は[27]，3議席を獲得して第三党となる健闘をみせた。王党派のノロドム・ラナリット党とフンシンペック党は，2007年地方選挙に続く惨敗となり，ともに2議席ずつしか獲得できなかった（表4-2を参照）。

以上のように，人民党は第3期国民議会において議事運営手続きを自らに有利なものに改変しつつ，前半期にはフンシンペック党を取り込む一方でサム・ランシー党を排除した。しかし単独内閣の樹立を可能にする2006年3月の憲法改正の際には，一転してサム・ランシー党を取り込み，その後はフンシンペック党の排除と分断を図った。人民党は政治状況に応じて取り込みと分断の対象を巧みに変えることで反対勢力の弱体化や封じ込めを図り，2007年地方選挙と2008年総選挙に向けて自らに有利な政治環境を構築したのである。これらの選挙でフンシンペック党の弱体化が一気に進み，サム・ランシー党が伸び悩んだという結果は，人民党による議会工作が効果的に機能したことを示している。

第3節　第4期国民議会（2008～2013年）

本節では，2008年総選挙後から2013年総選挙までの政治動向を跡づけながら，第4期国民議会（2008～2013年）において人民党がどのように反対勢力の取り込み・分断と弱体化を図ったのか，その過程を明らかにする。それとともに，第3期と第4期の国民議会における人民党の対野党工作の相違点を検証し，それが2013年総選挙に与えた影響について論じる。

1．フンシンペック党とノロドム・ラナリット党の取り込み

　2008年総選挙後の組閣に際して，人民党はフンシンペック党からの移籍者に加えて，サム・ランシー党からの移籍者35人以上にも各省の長官や副長官ポストを与えることで（Thayer 2009, 91），党内に幅広く利益を分配した。さらに，人民党は単独内閣の樹立が可能であったが，フンシンペック党のさらなる取り込みと分断をねらい，引き続き同党との連立を維持した。すなわち人民党は，2008年総選挙後に野党とともに選挙結果の受け入れを拒否したフンシンペック党のカエウ・プットレアスマイ党首，ルー・ラーイスレーン第1副党首，シソワット・セレイロアト第2副党首らの入閣を拒否する一方で，人民党との協調路線をとるニュク・ブンチャイ幹事長とその支持者に閣内の役職を与え，フンシンペック党内の路線対立を煽ったのである。

　こうして2008年9月に発足したフン・セン新内閣は，前内閣と比較して副首相が7人から9人へ，上級大臣が15人から16人へ，大臣会議官房および25省の長官が5～7人から6～16人へ増加したほか，首相特命大臣8人のポストが新設された。その結果，内閣構成員の数は前内閣の171人を上回る235人にまで肥大化した（山田 2011, 145）。フンシンペック党からの入閣者は副首相ひとり，上級大臣4人，各省の長官がおおよそひとりずつのみとなり，人民党は1993年以来初めて，各省の大臣ポストを独占することになった。

　同じく2008年9月に発足した第4期国民議会では，人民党が正副議長ポストと各委員会の委員長ポストを独占した。国民議会常任委員会が単一政党によって構成されるのは，1993年以来初めてのことであった（表4－1を参照）。人民党はまた，フンシンペック党とノロドム・ラナリット党の議員ひとりずつに委員会の委員ポストを付与したほか（表4－3を参照），両党の議員を人民党議員のグループに加えることで，両党に本会議で発言する機会を提供した。

　人民党が連立パートナーであるフンシンペック党だけでなく，ノロドム・

ラナリット党までも取り込もうとした理由は，野党による大臣または内閣に対する不信任決議案の提出を回避するためであったと考えられる。これらの議案の提出には議員30人以上が必要とされるため（憲法第98条），人民党はフンシンペック党（2議席）とノロドム・ラナリット党（2議席）が，サム・ランシー党（26議席）と人権党（3議席）と連携しないよう分断することで政権運営の安定化をめざしたのである。

 2．サム・ランシー党と人権党の排除

 人民党はフンシンペック党とノロドム・ラナリット党の取り込みを図る一方で，反人民党色の強いサム・ランシー党と人権党を，国民議会の実質的な政策決定過程から完全に排除した。両党は国民議会常任委員会に加われなかっただけでなく，各委員会の委員ポストさえも得られなかったのである（表4－1および表4－3参照）。その結果，両党の議員は本会議の数日前にならないと法案を入手できなかったり，本会議の当日に初めて法案を手にしたりするなど，法案の内容を十分に検討できないまま本会議に臨まなければならなかった[28]。また，10議席に満たず単独でグループを形成できない人権党は，他政党のグループに入ることを拒否したため，サム・ランシー党との合流に合意して同党のグループに加わった2012年8月まで，発言の機会がまったく与えられなかった。

 さらに人民党は，最大野党のサム・ランシー党の弱体化を図るべく，2009年から2011年にかけてサム・ランシー党議員4人の議員特権を相次いで剥奪した。議員特権の剥奪には議員総数の3分の2の賛成が必要であるが，2008年総選挙で議会の7割以上を占める議席を得た人民党は，単独で議員特権剥奪の議決が可能となったのである。

 議員特権剥奪の最初の標的は，党首のサム・ランシーであった。同党首は，2008年総選挙で人民党指導者を批判したことに対する罰金（約2500米ドル）の支払い命令を拒否したとの理由で2009年2月に1度，さらに対ベトナム国

境画定作業用の国境目印の杭を引き抜いたとの理由で同年11月にも再び議員特権を剥奪された。また2009年6月には，首相や国軍将官に対する名誉毀損を理由にムー・ソックフオとホー・ヴァンが，さらに2011年12月には，逮捕・勾留された党員の逃亡を幇助したとの理由でチャン・チェーンが，それぞれ議員特権を剥奪された。

　サム・ランシー党にとってとりわけ大きな打撃となったのは，党首が器物破壊と文書偽造などの罪で禁錮12年の実刑判決を受け，2009年11月の議員特権剥奪に先立ち出国を余儀なくされたことである。以後，サム・ランシーは2013年総選挙の直前に恩赦を受けて帰国するまで，約3年9カ月におよぶ亡命生活を送ることとなる。この間，サム・ランシー党は党首不在のなかで，2012年1月の第3期上院議員選挙と同年6月の第3期行政区・地区評議会選挙（以下，2012年地方選挙）を戦わなければならなかった。

3．救国党の結成と2013年総選挙への議会工作の影響

　国民議会の実質的な政策決定過程から排除されたサム・ランシー党と人権党は，2012年地方選挙と2013年総選挙に向けた両党の合流を視野に入れ，2009年1月に同盟関係を結んだ。合流条件などに関する協議が進められていた2011年5月，人民党は両党の合流を妨害すべく，フン・セン首相と人権党のクム・ソカー党首が2007年7月に行った電話会談の録音を報道機関にリークした。この会話には両者がともにサム・ランシー党とサム・ランシーの指導力を批判する内容が含まれており，人民党はサム・ランシー党と人権党の相互不信を増長させようとしたのである。以後，両党の合流に向けた協議は進展せず，両党は個別に2012年地方選挙に参加することになった。

　2012年地方選挙の結果は，人民党が61.80パーセントの票を得て，1633選挙区中1592選挙区で第一党となり圧勝した。他方，サム・ランシー党は得票率20.84パーセント，22選挙区で第一党となり，地方選挙初参加の人権党は得票率9.88パーセント，18選挙区で第一党となった（表4−5を参照）。2007

表 4-5 第3期行政区・地区評議会選挙の結果（2012年6月）

政党名	投票率65.13%　参加政党数10			
	得票数	得票率	議席数 （うち議長）	議席占有率 （うち議長）(%)
カンボジア人民党	3,631,082	61.80	8,292 (1,592)	72.36 (97.49)
フンシンペック党	222,663	3.79	151 (1)	1.32 (0.06)
サム・ランシー党	1,224,460	20.84	2,155 (22)	18.81 (1.35)
ノロドム・ラナリット党	170,962	2.91	52 (0)	0.45 (0)
民主連合党	26,916	0.46	8 (0)	0.07 (0)
人権党	580,483	9.88	800 (18)	6.98 (1.10)
カンボジア国籍党	16,616	0.28	1 (0)	0.01 (0)
その他	2,537	0.04	0 (0)	0 (0)
有効票	5,875,719	98.03	−	−
無効票	118,273	1.97	−	−
合計	5,993,992	100	11,459 (1,633)	100

(出所）国家選挙委員会（NEC）発表の選挙結果をもとに筆者作成。
(注）網掛け部分は与党を示す。

年地方選挙と比べてサム・ランシー党の得票率は4.35パーセント減少しており，反人民党票をサム・ランシー党と人権党が奪い合う形となった。ここで注目すべきは，サム・ランシー党と人権党の得票率の合計が2008年総選挙時の28.53パーセントから30.72パーセントに微増していることに加えて，両党の議席数の合計が第一党の人民党の議席数を上回る選挙区が複数生じた点である[29]。2012年地方選挙の結果は，両党が合流すれば反人民党票の受け皿としてさらに党勢を拡大し得ることを示すものであった。

こうした選挙結果を受けて，両党は合流に向けた動きを加速させた。2012年地方選挙から2カ月後の2012年7月，両党はフィリピンのマニラで首脳会談を開催し，サム・ランシーを党首，クム・ソカーを副党首とする新党の設立に合意した。両党は翌8月に救国党という名称で内務省に登録し，2013年4月に第1回党大会を開催した。救国党には複数の王族や元フンシンペック党幹部も加わり，教員組合や労働組合の著名な指導者が相次いで救国党への支持を表明するなど，人民党に批判的な勢力の結集が実現した。

これに対して，人民党は2013年5月から7月の総選挙までに，サム・ラン

シー党議員と人権党議員ら29人の議員資格を剥奪したり，救国党副党首に就任したクム・ソカーを標的とした法律を制定したりするなど，国民議会を利用して救国党への攻撃を強めた。

　まず，人民党議員12人で構成される国民議会常任委員会は同年6月5日，サム・ランシー党議員24人，人権党議員3人，ノロドム・ラナリット党議員2人の計29人の議員資格を剥奪することを議決した。その理由は，2013年総選挙の立候補政党および候補者登録において，上記のサム・ランシー党議員と人権党議員が救国党員として候補者登録を行い，同様にノロドム・ラナリット党議員がフンシンペック党員として候補者登録を行ったためであった。人民党は次のような論拠で，この決定の法的正当性を強調した。まず選挙法第120条は，国民議会議員がその地位を喪失する要件のひとつとして，所属政党の党員資格を喪失した場合を挙げている。そして政党法第15条は，同時に複数の政党の党員になることを禁じている。したがって救国党やフンシンペック党の候補者名簿に登録された上記29人は，すでにサム・ランシー党や人権党，ノロドム・ラナリット党を離党しているため議員の資格を失う，というものである[30]。

　この決定が6月27日から始まる選挙運動の前になされたことから，議員資格剥奪のねらいは，不逮捕特権の剥奪と議員歳費・各種手当ての支給停止によって，野党の選挙運動を制限することにあったのではないかと考えられる[31]。

　人民党はまた，事実上の亡命生活を余儀なくされていたサム・ランシーに代わって救国党を率いるクム・ソカーの失墜を画策した。クム・ソカーは5月18日の地方遊説の際，ポル・ポト時代に約1万4000人が尋問と拷問の末に処刑されたトゥオル・スラエン刑務所（通称，S-21）はベトナムによる捏造であると述べたとされ，人民党はその録音を政府のウェブサイト上で公開した。

　フン・セン首相は5月27日，ポル・ポト政権による犯罪を否認することを禁止する法律の制定を指示し，人民党議員は6月7日の国民議会臨時会にお

いて「民主カンプチア政権下の犯罪の否認に反対する法律」を可決した。また，人民党の統制下にある各種メディアがクム・ソカーの発言を繰り返し取り上げると，クム・ソカーに謝罪を要求する抗議集会が各地で開催された。そして6月14日には，トゥオル・スラエン刑務所の生存者らが上記法律に基づきクム・ソカーを告訴するに至った。プノンペン初等裁判所が選挙運動解禁日の6月27日にクム・ソカーに出頭を命じたことも，この一件がきわめて政治的であることを示唆している。

　さらにクム・ソカーは別件でも告訴された。6月13日，クム・ソカーの愛人と称する女性が記者会見を開催し，6月上旬にプレイ・ヴェーン州で開催された集会で，彼女の母親がクム・ソカーに経済的援助を求めようとしたところ，クム・ソカーがボディガードに命じて彼女の母親に暴行を加えたと主張した。人民党は6月18日，この「愛人」がクム・ソカーとの不倫関係を詳細に語ったインタビューの録音を，政府のウェブサイトに掲載した。「愛人」の母親はクム・ソカーを告発したが，暴行があったとする彼女の主張を覆す多数の目撃証言があり，この一件もクム・ソカーを陥れるために政治的に仕組まれたものとする見方が一般的である。

　選挙運動が後半戦に入った7月12日，フン・センはサム・ランシーの要請を受け入れ，「国民和解の精神と複数政党制による民主主義の原則に基づき選挙を実施するため」との理由で，ノロドム・シハモニー国王にサム・ランシーに対する恩赦を申請した。恩赦は即日付与され，サム・ランシーは7月19日，空港から都心の民主広場に至る約9キロの沿道を埋め尽くす救国党支持者10万人の熱烈な歓迎を受け，約3年9カ月ぶりの帰国を果たした（山田 2013, 5）。

　フン・センが恩赦の付与に同意したのは，サム・ランシーが国連や欧米の援助供与国に対するロビー活動を展開していたこともあり，帰国を認めなかったり，または帰国後に逮捕したりすれば，サム・ランシーの処遇をめぐる問題が国際化し，選挙の正当性に疑義を呈されることを回避するためではないかと考えられる（山田 2013, 5）。

こうした経緯で実施された2013年総選挙の結果は，国内外に大きな驚きを与えた。人民党は全123議席の過半数を維持したものの，改選前の90から68へと大幅に議席を減らした。これとは対照的に，救国党は55議席を獲得する躍進を果たしたのである（表4－2を参照）。

以上のように，人民党は第4期国民議会においてフンシンペック党とノロドム・ラナリット党を取り込む一方で，最も脅威となり得るサム・ランシー党と人権党を一貫して排除した。つまり反人民党色の強い2党の取り込みを一切行わなかったのである。両党を議会の実質的な政策決定過程から完全に閉め出したことにより，人民党にとってきわめて「効率的」な議会運営が可能となる一方，結果的にサム・ランシー党と人権党の協力関係の構築を促すことになった。そして両党が救国党として合流した後も，人民党は救国党に移籍した議員の議員資格を剥奪したり，救国党副党首の失墜を画策したりするなど強硬な姿勢を維持し，救国党の取り込みや分断を図ることはなかった。人民党は第4期国民議会を完全に支配していたがゆえに，第3期国民議会とは異なり，明示的な反対勢力を取り込む必要性に迫られていなかったともいえる。しかしその結果，救国党の結成の回避や結成後の分裂を実現することができず，2013年総選挙で大幅に議席を減らすことになったのである。

おわりに

本章では，第3期および第4期国民議会において，人民党がどのように明示的または潜在的な反対勢力の取り込み・分断や弱体化を図り，自らに優位な政治環境を構築しようとしたのか，その過程を詳細に検討した。そのうえで，第3期と第4期の取り込み・分断対象を比較し，第4期でも反対勢力の取り込みと分断を図ったものの，最大の脅威となり得る2党については排除するのみで一切の取り込みを行わなかったことを指摘した。そして，そのことが結果的に反人民党勢力の合流を促すことになり，2013年総選挙に向けて

有利な環境を構築できかったことを明らかにした。以下，本章における議論の流れを整理する。

第1節では，「複数政党制に立脚した自由民主主義体制」を標榜する現体制下のカンボジアにおける選挙と議会の位置づけを確認した。まず，政権を獲得するためのルールとして複数政党制による定期的選挙が定着しており，選挙に勝利することが人民党支配にとって最も重要な正当性の源泉となっている。一方，国民議会は政治ポストや権力機関として二次的な地位におかれ，国民や援助機関だけでなく研究者もさほど関心を示してこなかった。しかし内外の関心の低さゆえに，人民党が議会を意のままに操作できる環境が整っていたともいえる。

第2節では，人民党が第3期国民議会において，議事運営手続きを自らに有利なものに改変しつつ，政治状況に応じて取り込みと分断の対象を巧みに変えることで反対勢力の弱体化や封じ込めを図ったことを論じた。2007年地方選挙と2008年総選挙の結果は，国民議会における人民党の対野党工作が同党の勝利に寄与する重要な役割を担っていることを示している。

第3節では，人民党は第4期国民議会において，最も脅威となり得る明示的な反対勢力の取り込みを行わなかったため，救国党の結成を回避できなかったことを指摘した。なお，人民党には選挙から救国党を完全に排除する選択肢はなかった。救国党を選挙から閉め出してしまえば選挙の正当性に内外から疑義を呈され，結果的に人民党支配の正当性が損なわれるからである。2013年総選挙では救国党が変革を求める多くの若年層をはじめとする反人民党票の受け皿となり，人民党は大幅に議席を減らす結果となった。

以上の検討から，多くの権威主義体制で観察されるように，カンボジアでも議会が権威主義体制を維持するための一手段として活用されていることが確認できる。そしてカンボジアの事例が示す重要な点として，議会における取り込みや分断の対象次第では，選挙結果に大きな違いをもたらす要因になり得ることが挙げられる。より具体的にいえば，最も脅威となり得る野党を排除するのみで取り込みを図らなければ，必ずしも与党に有利な政治環境を

創出できるとは限らないのである。これが，2013年総選挙において人民党が大幅に議席を減らした理由のひとつといえる。これまでのカンボジア研究では，国民議会は人民党や政府の決定を追認するゴム印機関にすぎないとしてあまり注目されてこなかったが，じつは選挙戦略という点において国民議会は重要な役割を担っているのである。

2013年総選挙で救国党が躍進した結果，人民党による議会指導部ポストの独占状態は崩れ，少なくとも国民議会においては勢力均衡に近い状態が生まれた[32]。人民党にとって選挙に勝利することが今後も最大の課題であることは変わらないが，国民議会を選挙戦略の一手段として排他的に活用することは難しくなるため，国民議会の位置づけも自ずと変わることが予想される。すでに救国党は委員長ポストを獲得した委員会において，複数の大臣に出席を求めて質問や要請を行っているほか，市民社会組織や土地紛争の被害者らを招聘し，国民の意見や不満を収集しようとする動きをみせている。

こうした状況の変化を受けて，人民党は救国党の取り込みと分断をねらいつつも，救国党の公約の一部を政策に取り入れるなど，国民の支持獲得のために国民議会を活用することも考えられる。国民議会は今後のカンボジア政治において，これまで以上に重要な役割を果たす可能性があり，もはや軽視できる存在ではないのである。

〔注〕

(1) 1979年1月の政権掌握時の党名は「カンプチア共産党」。1981年5月の第4回党大会で「カンプチア人民革命党」に改称し，さらに，マルクス・レーニン主義を放棄した1991年10月の臨時党大会で「カンボジア人民党」に改称した。

(2) 本章における「反対勢力」には，サム・ランシー党など明示的な反対勢力としての野党だけでなく，潜在的な反対勢力として連立与党のフンシンペック党も含むものとする。なぜならば，フンシンペック党は野党と共闘して選挙結果に異議を唱えるなど，常に人民党との協調路線をとるとは限らないからである。

(3) 実質GDP成長率は，2007年に10.2％，2008年に6.7％と高い成長率を記録し

たが，2008年総選挙は原油高や食料価格の高騰などインフレ率が上昇するなかで実施された。他方，2012年と2013年の実質 GDP 成長率はそれぞれ7.3％と7.4％で引き続き高い成長率を維持し，インフレ率も落ち着いていた。カンボジア王国経済財政省ウェブサイト（http://www.mef.gov.kh/）2015年4月24日閲覧。

(4) 首相は国民議会議員でなければならないが，その他の閣僚は国民議会に議席を有する政党の党員であれば，国民議会議員である必要はない。したがって，議員就任を辞退した者であっても閣僚に就任することは可能である。

(5) 2004年7月に発足した連立内閣では，人民党幹部20人が大臣ポスト（首相，副首相，上級大臣を含む）を獲得したが，このうち国民議会議員職を兼任したのは8人のみであり，12人が議員就任を辞退した。また，2008年9月に発足した連立内閣では，人民党幹部46人が大臣ポスト（首相，副首相，上級大臣，新設の首相補佐特命大臣を含む）を獲得したが，このうち国民議会議員は党中央委員会常任委員ら10人にすぎなかった。ただし，議員を兼職していない36人のなかには，選挙に立候補しなかった党幹部が複数含まれているため，36人全員が議員就任を辞退したわけではない。

(6) これに対して文民官僚の最低賃金は，2014年時点で月額わずか約106米ドルであった。カンボジア王国経済財政省ウェブサイト（http://www.mef.gov.kh/documents/mustsee/NA-Presentation_20-Nov-2014.pdf）2014年12月10日閲覧。

(7) 2014年8月の国民議会内規の改正によって，調査・浄化・反汚職委員会（第10委員会）が新設されたことにともない，常任委員会の構成は13人となった。

(8) 2012年3月の第3期上院の発足に伴う人民党内の人事異動により，同年4月以降，第4期国民議会常任委員12人のうち，党中央委員会常任委員が5人，党中央委員が4人となった。

(9) 国営テレビが放送する本会議の様子は生放送ではなく，編集を加えた内容となっている。この放送内容は以下のウェブサイトで視聴可能である。
http://www.khmerlive.tv/archive/?q=National+Assembly/ 2015年2月14日閲覧。

(10) 2014年10月時点で，各議員が選挙区を訪問した際に執務を行う場として，議員事務所（*kariyalay damnang reastr*）が24選挙区中，カエプ州とパイリン州，ウッドー・ミアン・チェイ州を除く21選挙区に設置されている。しかし，人材や事務用品・機器が十分に整備されていないため十分に機能していない（COMFREL 2010, 47; 2015, 22）。

(11) 国連やEU諸国の一部は，国民議会および議員の動向を恒常的にモニタリングする唯一の団体である選挙監視NGO「カンボジア自由公正選挙委員会（Committee for Free and Fair Elections in Cambodia: COMFREL）」のプロジェクトに対する資金援助を続けている。

(12) 第3期国民議会では，2006年3月に議長の交代をはじめ議会指導部の構成

が大きく変化した。そこで本章では，2006年3月を境に第3期国民議会を前半期と後半期に分けることとする。

⒀　2005年8月，軍事裁判所はチアム・チャンニーに禁錮7年の有罪判決を下した。その後，2006年2月に恩赦が付与され釈放されるまで，チアム・チャンニーは軍事刑務所に収監された。

⒁　国民議会本会議の定足数は，憲法と国民議会内規で規定されている。

⒂　2014年10月28日，国民議会におけるチアム・ジアプ国民議会第2委員会委員長兼人民党中央委員会常任委員への筆者による聞き取り。なお，グループ制は同議員らが視察したドイツ連邦議会の制度を参考にしたという。

⒃　実際に，筆者が2008年2月27日に第3期国民議会第7回常会を傍聴した際，サム・ランシー党のユム・ソヴァン議員が，審議中の法案に対する意見とともに政府を批判する発言を行った。人民党のヘン・サムリン議長は法案に対する意見のみ述べるように注意したが，ユム・ソヴァン議員がなおも政府批判を続けたため，同議員のマイクの電源を切り，それ以上の発言を封じた。

⒄　カンボジアの行政区分は憲法上，3層制となっている。首都（*reatheani*）は区（*khan*）に，区は地区（*sangkat*）に区分けされ（首都―区―地区），州（*khet*）は市（*krong*）または郡（*srok*）に，市または郡はそれぞれ地区または行政区（*khum*）に区分けされる（州―市・郡―地区・行政区）。さらに正式な行政単位ではないが，地区・行政区の下に村（*phoum*）が位置する。

⒅　1993年9月に公布されたカンボジア王国憲法は，内閣に対する信任に関して，議員総数の3分の2という特別多数を採用した。この内閣信任に関する「3分の2条項」は，「カンボジアの平和の回復・維持と国内の和解の促進」というパリ和平協定の理念を引き継いだものであり，人民党とフンシンペック党による権力分有体制という，1993年以来のカンボジア政治のあり方を規定する枠組みであった（山田 2007, 39）。

⒆　2006年2月末，国民議会はサム・ランシー，チア・ポーイ，チアム・チャンニーの議員特権の回復を議決した。

⒇　定足数の削減は議員の出席率の低下をもたらした。平均出席者数は，定足数削減前は97人であったが，定数削減後には89人に減少した（COMFREL 2009, 9）。

㉑　人民党とフンシンペック党は1993年以来，閣僚ポストや州知事・市長ポストを一定の割合で両党に割り当てる権力分有体制を維持してきた。2004年6月に両党が調印した連立協定では，ポスト配分の割合は，人民党が6割，フンシンペック党が4割であった。

㉒　ラナリットの排除にフン・センが関与したことは明らかである。カエウ・プットレアスマイは筆者に対して，フン・センから党首就任の要請があったことを認めたうえで，人民党とフンシンペック党による連立内閣の安定を維

持するために党首就任を引き受けたと述べた。2011年11月4日，プノンペン都のカエウ・プットレアスマイ党首の自宅における，同氏への筆者による聞き取り。

⑶　フン・センは，1997年の「7月政変」後にフンシンペック党内の反ラナリット派のウン・フオトをラナリットに代わる第1首相として支持したほか，1998年総選挙に向けて反ラナリット派の党幹部がフンシンペック党を離党して旗揚げした諸政党と同盟関係を結ぶなど，フンシンペック党の分裂を促した。

⑷　フン・センは，ラナリットの女性問題が汚職や縁故主義を招き，政治に悪影響を及ぼしていると以前から批判していた。人民党による議員立法によって2006年9月に国民議会で可決され，同年10月に公布された重婚禁止法は，実質的にはラナリットを標的としたものであった。フン・センは，同法にもとづきラナリットを告訴したマリー・ラナリットを上級大臣に任命したほか，フンシンペック党の党首に就任したカエウ・プットレアスマイを副首相に任命した。ラナリットに対する一連の攻撃の背後には，ラナリットの政治生命を絶とうとするフン・センの思惑があった。

⑸　ラナリットが国王の恩赦を受けて帰国を果たしたのは，2008年総選挙後の組閣が終わった同年9月末のことであった。ラナリットは同年10月に政界引退を発表し，同年12月に国王の主席顧問に任命された。その後，2010年12月にノロドム・ラナリット党の党首として政界復帰したが，2012年8月に再び政界引退を表明した。しかし2014年3月，王党派を糾合する新党「王党派国民の共同体党（Kanapak Sangkum Reastr Reacheathipatey）」の旗揚げと政界復帰を表明した。さらに2015年1月には，フン・センの政治的支持を受け，フンシンペック党に復党して党首に就任した。これにより，王党派は約8年間におよぶ分裂状態を経てひとつに統合された。

⑹　ただし，第4委員会と第5委員会では連立与党（人民党とフンシンペック党）が過半数を占めたため，サム・ランシー党の委員長ポストは名目だけで実権の伴わないものであった。2014年5月20日，救国党本部におけるソン・チャイ国民議会当選議員兼救国党常任委員への筆者による聞き取り。同氏は第2期国民議会で第9委員会委員長，第3期国民議会の後半期に第5委員会委員長を務めた。

⑺　仏教自由民主党の国民議会議員（1993～98年）とフンシンペック党の上院議員（1999～2002年）を歴任した後，米国からの資金援助を得て人権NGO「カンボジア人権センター（Cambodian Center for Human Rights: CCHR）」を設立したクム・ソカーが，2007年1月に旗揚げした政党。

⑻　2014年8月28日，国民議会におけるキー・ヴァンダラー国民議会議員兼救国党財政局長への筆者による聞き取り。

⑳　たとえば，最も多くの選挙区を有するコンポン・チャーム州では，173選挙区のうち少なくとも10選挙区で，サム・ランシー党と人権党の議席数の合計が第一党の人民党の議席数を上回った。

㉚　この決定に先立つ2013年5月7日，第4期国民議会第9回常会において，サム・ランシー党のユム・ソヴァン議員は，自身がサム・ランシー党を離党して救国党に所属していると発言した。これに対して人民党のヘン・サムリン議長は，国民議会に議席を有するのはサム・ランシー党であり，救国党という名の政党は国民議会に存在しないと，ユム・ソヴァンの発言を遮って注意を促した。ただし，この時点では2013年総選挙の立候補政党および候補者登録がまだ終わっていなかったため，人民党は各党の候補者名簿が確定した後に29人の処分に動いたと考えられる。

㉛　カンボジアでは政党交付金制度が存在しないため，政治資金が潤沢でない野党議員は通常，自費で日々の政治活動を行っている。とりわけ選挙区が遠隔地にある議員は，毎週地元に帰るためのガソリン代だけで相当な支出となり，議員歳費・各種手当てだけでは不十分であるという。2014年8月28日，国民議会におけるユム・ソヴァン国民議会議員兼救国党執行委員会委員長への筆者による聞き取り。

㉜　2014年7月の人民党と救国党による政治合意にもとづき，同年8月に国民議会において両党による権力分有が実現した。具体的には，国民議会第1副議長ポストと，10の委員会のうち半分の委員長ポストが救国党に配分されたほか，10の委員会すべてに救国党議員が加わった。

〔参考文献〕

＜日本語文献＞

天川直子 2003.「カンボジア／開発援助は恩恵か，制約か」『アジ研ワールド・トレンド』(99) 12月：32-39.
——— 2004.「2003年のカンボジア——新政府の不在——」『アジア動向年報2004』アジア経済研究所，233-252.
——— 2005.「2004年のカンボジア——新政府の成立——」『アジア動向年報2005』アジア経済研究所，249-268.
——— 2009.「2008年のカンボジア——人民党の圧勝——」『アジア動向年報2009』アジア経済研究所，213-232.
久保慶一 2013.「権威主義体制における議会と選挙の役割」(特集にあたって)『アジア経済』54(4) 12月：2-10.
山田裕史 2007.「パリ和平協定15年目のカンボジア——権力分有体制から人民党一

党支配体制へ——」『アジ研ワールド・トレンド』(136) 1月：36-39.

―― 2011.「ポル・ポト政権後のカンボジアにおける国家建設：人民党支配体制の確立と変容」博士論文　上智大学大学院外国語学研究科.

―― 2013.「変革を迫られる人民党一党支配体制」(特集カンボジア国家建設の20年)『アジ研ワールド・トレンド』(219) 2013年12月/2014年1月合併号：4-7.

―― 2014.「カンボジア人民党による国民議会の掌握過程」山田紀彦編『一党支配体制下の議会——中国，ベトナム，ラオス，カンボジアの事例から——』(調査研究報告書)日本貿易振興機構アジア経済研究所.

四本健二 1999.『カンボジア憲法論』勁草書房.

＜クメール語文献＞

COMFREL (Committee for Free and Fair Elections in Cambodia). 2009. *Kar Sangket Saphea Ning Damnang Reastr: Rabaykar Pracham Nitikal Ti Bei (Kakkda 2004-Kanha 2008)* [議会および議員のモニタリング：第3年次報告書 (2004年7月〜2008年9月)]. Phnom Penh: COMFREL [プノンペン：COMFREL].

―― 2010. *Lattphal Kar Sangket Saphea Ning Damnang Reastr: Rabaykar Chhnam Ti Muoi Nitikal Ti Buon (Kanha 2008- Kanha 2009)* [議会および議員のモニタリング結果：第4期第1年次報告書 (2008年9月〜2009年9月)]. Phnom Penh: COMFREL [プノンペン：COMFREL].

―― 2015. *Rabykar Chhnam Ti Muoi Nei Nithikal Ti Pram (Kanha 2013- Tola 2014)* [第5期第1年次報告書 (2013年9月〜2014年10月)]. Phnom Penh: COMFREL [プノンペン：COMFREL].

Kanapak Pracheachon Kampuchea [カンボジア人民党]. 2006a. *Batbanhchea Phtai Knong Kanapak Pracheachon Kampuchea* [カンボジア人民党内規]. Phnom Penh: Kanapak Pracheachon Kampuchea [プノンペン：カンボジア人民党].

―― 2006b. *Lekkhanthikak Kanapak Pracheachon Kampuchea* [カンボジア人民党規約]. Phnom Penh: Kanapak Pracheachon Kampuchea [プノンペン：カンボジア人民党].

Khotkalay Samdech Chea Sim [チア・シム殿下官房]. 1998. *Rathsaphea Nitikal Ti Muoy 1993-1998* [第1期国民議会1993〜1998年]. Phnom Penh: Khotkalay Samdech Chea Sim [プノンペン：チア・シム殿下官房].

Krompruksa Thammanunh [憲法評議会]. 2010. *Raththammanunh Nei Preah Reacheanachakr Kampuchea* [カンボジア王国憲法]. Phnom Penh: Akka Lekhathikarthan Krompruksa Thammanunh [プノンペン：憲法評議会事務総局].

Preah Reacheanachak Kampuchea [カンボジア王国]. 1997. *Chbap Sdei Pi Kanapak*

Nayobay［政党に関する法律］.

―― 2011. *Chbap Sdei Pi Karbohchhnaot Chrus Tang Damnang Reastr Ning Chbap Sdei Pi Visaothnkamm Chbap Sdei Pi Karbohchhnaot Chrus Tang Damnang Reastr*［国民議会議員選挙に関する法律および国民議会議員選挙に関する法律の改正に関する法律］.

Rathsaphea［国民議会］. 2003. *Rathsaphea Nei Preah Reacheanachakr Kampuchea*［カンボジア王国国民議会］. Phnom Penh: Akka Lekhathikarthan Rathsaphea［プノンペン：国民議会事務総局］.

―― 2006a. *Batbanhchea Phtai Knong Rathsaphea*［国民議会内規］. Phnom Penh: Akka Lekhathikarthan Rathsaphea［プノンペン：国民議会事務総局］.

―― 2006b. *Rabaykar Sdei Pi Sakmmpheap Rabas Rathsaphea Pracham Chham 2005*［2005年の国民議会の活動に関する報告書］. Phnom Penh: Akka Lekhathikarthan Rathsaphea［プノンペン：国民議会事務総局］.

＜英語文献＞

Alagappa, Muthiah. 1995. "The Anatomy of Legitimacy." In *Political Legitimacy in Southeast Asia: The Quest for Moral Authority*, edited by Muthiah Alagappa, Stanford: Stanford University Press: 11-30.

Albritton, Robert B. 2004. "Cambodia in 2003: On the Road to Democratic Consolidation." *Asian Survey* 44(1) Jan./Feb.: 102-109.

Brown, Frederick Z. and David G. Timberman. 1998. "Introduction: Peace, Development, and Democracy in Cambodia—Shattered Hopes." In *Cambodia and the International Community: The Quest for Peace, Development, and Democracy*, edited by Frederick Z. Brown and David G. Timberman, New York: Asia Society: 13-31.

Case, William. 2011. *Executive Accountability in Southeast Asia: The Role of Legislatures in New Democracies and under Electoral Authoritarianism*. Honolulu: East-West Center.

Ear, Sophal. 2013. *Aid Dependence in Cambodia: How Foreign Assistance Undermines Democracy*. New York: Columbia University Press.

Gandhi, Jennifer. 2008. *Political Institutions under Dictatorship*. New York: Cambridge University Press.

Heder, Steve. 2005. "Hun Sen's Consolidation: Death or Beginning of Reform?" In *Southeast Asian Affairs, 2005*. Singapore: Institute of Southeast Asian Studies: 111-130.

Hughes, Caroline. 2009. "Reconstructing Legitimate Political Authority through Elections?" In *Beyond Democracy in Cambodia: Political Reconstruction in a Post-*

Conflict Society, edited by Joakim Öjendal and Mona Lilja. Copenhagen: NIAS Press, 31-69.

Levitsky, Steve and Lucan. A. Way. 2006. "Linkage and Leverage: How Do International Factors Change Domestic Balances of Power?" In *Electoral Authoritarianism: The Dynamics of Unfree Competition*, edited by Andreas Schedler. Boulder: Lynne Rienner, 199-216.

―――2010. *Competitive Authoritarianism: Hybrid Regimes After the Cold War*. Cambridge: Cambridge University Press.

Lust-Okar, Ellen. 2005. *Structuring Conflict in the Arab World: Incumbents, Opponents and Institutions*. Cambridge: Cambridge University Press.

McCargo, Duncan. 2005. "Cambodia: Getting Away with Authoritarianism?" *Journal of Democracy* 16(4) Oct.: 98-112.

Peou, Sorpong. 2007. *International Democracy Assistance for Peacebuilding: Cambodia and Beyond*. Basingstoke: Palgrave Macmillan.

Robertson, Graeme and Ora John Reuter. 2013. "Legislatures, Cooptation, and Protest in Contemporary Authoritarian Regimes." Paper presented at the 2013 Annual Meeting of American Political Science Association. (http://ssrn.com/abstract=2319460)

St. John, Ronald Bruce. 2005. "Democracy in Cambodia―One Decade, US$5 Billion Later―What Went Wrong?" *Contemporary Southeast Asia* 27(3) Dec.: 406-428.

Schedler, Andreas. 2006. "The Logic of Electoral Authoritarianism." In *Electoral Authoritarianism: The Dynamics of Unfree Competition*, edited by Andreas Schedler, Boulder and London: Lynne Rienner Publishers, 1-23.

――― 2013. *The Politics of Uncertainty: Sustaining and Subverting Electoral Authoritarianism*. Oxford: Oxford University Press.

Thayer, Carlyle A. 2009. "Cambodia: The Cambodian People's Party Consolidates Power." In *Southeast Asian Affairs, 2009*. Singapore: Institute of Southeast Asian Studies: 85-101.

Un, Kheang. 2011. "Cambodia: Moving away from Democracy?" *International Political Science Review* 32(5) Nov.: 546-562.

終 章

独裁体制をとらえる視座
―― 正当性維持の視点から ――

山 田　紀 彦

はじめに

　独裁者が長期にかつ安定して体制を維持するには，体制への脅威緩和とともに，正当性を維持し幅広い大衆の支持獲得が必要不可欠である[1]。しかしこれまでの権威主義体制研究は，独裁者の課題を体制内外の脅威緩和にほぼ限定し，政党，議会，選挙などの民主的制度もその解決手段として理解してきた。したがって独裁者がどのように正当性を維持し大衆の支持を獲得してきたか，また民主的制度がそれにどのように活用されてきたかという点にはさほど関心が示されてこなかったのである。言い換えれば近年の権威主義体制研究は，独裁者が直面する課題や独裁体制下の民主的制度の機能が多様であることをとらえきれていない。
　筆者はその要因を，これまでの研究が複数政党制と競争的選挙の有無を鍵概念としてきたことにあると考えた。序章で指摘したように，独裁体制は政党の数と選挙のあり方で競争的か閉鎖的かに大別され，独裁体制下の議会については前者を中心に研究が行われてきた。競争的体制とは，複数政党制で競争的選挙が実施されるがゆえに，明示的にも潜在的にも体制への脅威が明確であり，体制内エリートに離脱の道が開けている体制である。つまり独裁者が体制を維持するには体制内外で生じる脅威を緩和することが重要になる。

したがってこれまではその課題に応じた議会分析が行われ，議会には反対勢力の取り込み・分断やコミットメント問題の解決機能があるとされてきた。そして同じ視点から閉鎖的体制についても研究が行われている。

　もちろん共産党独裁体制のような閉鎖的体制でも脅威の緩和は重要である。とくに共産党独裁体制では，市場経済化以降に現れた新たな社会経済エリートは潜在的脅威になり得る。またレントの分配などを通じて体制内エリートの凝集性を維持することも重要である。明示的な脅威はほぼ存在せず，存在したとしても取り込みではなく排除の対象となるが，閉鎖的体制も常に明示的／潜在的脅威に対して注意を払う必要がある。

　一方で，独裁体制の維持にとって正当性を向上させ幅広い大衆の支持獲得が重要であることにも疑問の余地はない。にもかかわらず，これまでは民主的制度と脅威緩和の関係にのみ関心が集まり，正当性と制度の関係についてはほとんど分析されてこなかった。とくに閉鎖的独裁体制では競争的選挙がないため，体制を安定的に維持するには脅威を緩和し特定の支持を得るのではなく，より幅広い大衆の支持獲得が重要となる。

　独裁者の優先課題や必要とする大衆の支持度合いが異なれば，政党，議会，選挙等の民主的制度の機能も脅威緩和の場合とは異なるだろう。また各国の政治的背景によって制度の位置づけや機能がもつ意味にもちがいが生じると考えられる。しかしWright（2008）が指摘するように，これまではどの独裁体制でも制度は同様の機能を果たすとの前提があった。それゆえに，体制分類の鍵であった複数政党制と競争的選挙の有無という政治制度上のちがいは，制度の機能分析過程ではあたかもないものとされてきたのである。

　そこで本書は先行研究の知見を継承しながらも，複数政党制や競争的選挙の有無といったこれまでの鍵概念からいったん離れ，異なるアプローチをとった。体制への脅威緩和とならび独裁者が直面する重要課題として正当性の維持（国民の支持獲得）に着目し，議会を分析軸に制度と体制維持の関係について考察を行った。そして中国，ラオス，ベトナム，カンボジアの比較を行うために，4カ国を党と国家が融合した独裁体制ととらえ直した。そうす

ることで，サブカテゴリーの異なる独裁体制を比較の俎上に載せ，政党数や競争的選挙の有無といった政治制度上のちがいを説明変数として扱うことも可能となる。

　以下では第1節で，4カ国の事例から明らかになった議会機能について整理する。そのうえで第2節では，正当性と議会の関係について考察する。そして第3節では，権威主義体制研究に対する本書のインプリケーションを提示し結びとしたい。

第1節　議会機能の多様性

　各章の事例を通じて明らかになったのは，独裁体制下の議会は非常に多様な機能を有しているということである。以下，各国の議会機能をみよう。

　中国の事例からは，全国人民代表大会常務委員会が立法過程に民意を取り込んでいることが明らかになった。ここでいう「民意」とは非党員とこれまで政策決定過程にアクセスできなかった党員の意見・願望である。この背景には，国民の声に適切に対応しなければ共産党体制は維持できないとの党指導部の危機感がある。とはいえ，共産党にとっては全人代を通じて党の意志を国家の意志に体現することが大前提であり，全人代のその役割は今も昔も変わりない。したがって民意は党の意志に付加される形で反映される。民意の取り込みは立法計画段階と法律制定段階の2つの過程で行われている。前者ではおもに専門家の意見が，後者ではパブリックコメント制度や対面式面談を通じて幅広い大衆の意見が取り込まれる。また共産党は法案に対する国民の関心の高さによって，民意取り込み方法を柔軟に変更している。そして民意を取り込んだ後に計画や法律内容が修正されることから，民意は一定程度反映されていると考えられる。たとえば個人所得税法では，パブリックコメント等をふまえて月額基礎控除額が当初案の3000元から3500元に変更された。

ラオスも中国と同様に国会を国民の選好や不満を把握するために活用している。しかしラオスは中国と異なり，国民の意見や不満を取り込むだけでなく，どのように対応したかをフィードバックするアウトプットメカニズムも整備している。国会には2つのインプット機能がある。ひとつは国民が国会に対して行政や司法への不服を申立てる制度，もうひとつはホットライン（電話，ファクス，E-mail，手紙）を通じて国民が国会に対して自由に意見を伝達できる制度である。不服申立てに対して国会は，行政や司法の権力逸脱や不正を監督し，国民と両機関の間に入り問題解決の媒介機能を果たしている。ホットラインについては，国会が国民と国家機関の間に入り問題解決の媒介機能を果たすとともに直接問題に対応し，メディアや国会組織を通じて対応結果を国民に伝達する。つまり国会は「水平的アカウンタビリティ」「代理アカウンタビリティ」「垂直的アカウンタビリティ」を果たしているのである。必ずしも国民の選好と一致した結果になるわけではないが，国会は多様なアカウンタビリティ機能を通じて国民のインプットに順応的に対応している。

　ベトナム共産党もドイモイ初期には国会を統治の有効性向上や正当性の獲得に活用していた。しかしそのような機能を維持しながらも近年の国会は，党内の意見や利害対立を解決する場として新たな政治的機能を果たすようになった。ベトナム共産党はこれまで有力な明示的/潜在的反対勢力を効果的に排除してきており，反対勢力の取り込み・分断はあまり差し迫った問題にはなっていない。むしろ党指導部のリーダーシップの危機が体制維持にとって重要課題となっている。とくに指導部の若返りが図られて以降，指導部内の一体性や凝集性が低下し，政治局や中央委員会が意見や利害の調整機関として機能しないケースがでてきた。南北高速鉄道計画は党内の意見調整がつかず国会の場に持ち込まれた。党内の綱紀粛正を図った政治局提案は中央委員会の反対により行き詰まり，信任投票という形で国会の審判を仰ぐことになった。党内で解決できない問題が，国会の場で民主的な議論を通じて投票により解決されたのである。またその過程はメディアを通じて国民に伝わり，

政治過程の透明性向上という副産物ももたらしている（図終-1）。このような新たな国会機能は先行研究が指摘してきた権力分有やコミットメント問題の解決とも，中国やラオスの事例とも異なる。

一方カンボジアの国会は，政治ポストとしてもまた政治権力としても二次的存在とみられ，国民だけでなく研究者も関心を示してこなかった。しかし人民党は，国会内規の改正や委員会ポストの分配を通じて明示的／潜在的反対勢力の取り込み・分断と弱体化を繰り返し，自身に有利な政治環境を作り出すことで選挙に臨んできた。つまり人民党は国会を体制維持（選挙戦略）の一手段として活用しているのである。そして反対勢力の取り込み・分断の成否が，実は選挙結果に大きな影響を与える一因になることがわかった。第3期国民議会において人民党は明示的／潜在的反対勢力の取り込み・分断を繰り返し，彼らの弱体化に成功した。その結果人民党は第4期国民議会議員選挙で大勝を収めた。しかし第4期国民議会では，最も脅威となり得る2つの野党の取り込みを行わなかったため，両勢力の合併を許してしまった。結果として合併した新政党がそれまで分散していた反人民党票の受け皿となり，人民党は第5期国民議会議員選挙で大きく議席を減らしたのである（図終-2）。

以上4カ国の事例からは，独裁体制下の議会には脅威の緩和やコミットメント問題の解決だけではない，実に多様な機能や役割が備わっていることが示された。そして同じ機能を果たすとしても，各国の状況や政治的背景によって制度やその機能がもつ意味合いが異なることも明らかになった。とくにベトナムの事例からは，これまでの先行研究や序章で示した議会の役割やその効果に当てはまらない機能を看取できる。またカンボジアの事例からは，議会が脅威の緩和という機能を果たしていても，明示的／潜在的反対勢力の取り込み・分断が選挙に勝利し正当性を獲得するための一手段としての意味をもち，その成否が選挙結果に影響を与えることも見て取れた。

では，これらの多様な機能は正当性の維持や国民の支持獲得にどのように貢献しているのだろうか。次節では，議会と正当性の関係についてみることにする。

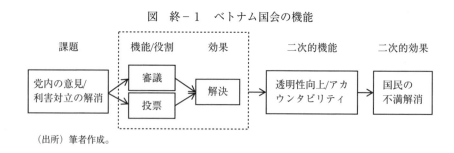

図 終-1 ベトナム国会の機能

(出所)筆者作成。

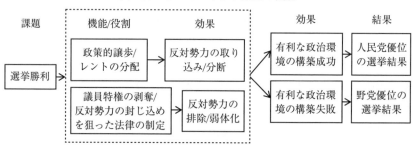

図 終-2 カンボジア議会の機能

(出所)筆者作成。

第2節 議会と正当性の関係

　これまでの先行研究が独裁体制における正当性の問題についてまったくふれてこなかったわけではない。Gandhi (2008), Dimitrov (2013), 久保 (2013) などは体制維持にとって正当性が重要であることを指摘している。久保 (2013, 4-5) は，体制の正当性を維持するには社会ニーズや不満を把握し，適切で有効な統治を行うことが不可欠であり，議会にはそのための情報収集機能があるとした。まさに中国やラオスの事例はこれに当たる。

　しかし Köllner and Kailitz (2013) や Gerschewski (2013) が批判したように，

これまでの権威主義体制研究では正当性が具体的な分析概念として用いられることはほとんどなかった。それは正当性の定義が曖昧であるとともに，正当性を数値化し実証することが難しいためである（Gerschewski 2013, 20）。事実，本書でも正当性を維持・獲得しようとする独裁者の取り組みに焦点を当てており，それが実際有効に機能し国民の支持が高まっているかについては検証していない。それはわれわれにとって今後の大きな課題である。とはいえ独裁者にとって，正当性を維持し大衆の積極的／消極的支持を獲得することが，体制への脅威緩和とならんで重要課題であることにはちがいない。どの支配者も正当性が低下し大衆の支持を失えば，権力の座にとどまることは不可能である。そうであれば，独裁者がどのように正当性の維持・獲得という課題に取り組んでいるかを分析する意義はあろう。

 そこで本書は，独裁者が正当性の維持・獲得のためにいかに議会を活用しているかを考察した。その際，正当性をAlagappa（1995）の議論に沿って，「支配者と被支配者の相互作用によって生み出され，支配者が正しいとする被支配者の信念」と定義し，それは(1)共有された規範と価値，(2)権力獲得のための確立された規則への一致，(3)適切で効果的な権力の使用，(4)被支配者の合意，という4つの要素によって構成されるとした。そして序章では各国の政治・経済状況に照らし合わせて，中国，ラオス，ベトナムでは(3)と(4)が，カンボジアでは(1)と(2)がとくに重要課題だと位置づけた。

 正当性を維持・獲得するための議会機能については，Zheng, Fook and Hofmeister（2014, 3）に基づき(1)代表性，(2)透明性，(3)アクセス可能性，(4)アカウンタビリティ，(5)有効性に整理した。これらは民主主義体制下の議会に備わる特徴である。言い換えれば，独裁体制でも議会を通じて正当性を維持・獲得しようとするならば，自ずと民主的機能を整備することが求められるのである。以下，前節で整理した4カ国の議会機能に基づき各国の議会と正当性の関係をみることにする。

 中国では立法過程において，国民がインターネットを使ったパブリックコメント制度や対面式面談を通じてさまざまな意見を挙げている。そして全人

代常務委員会は取り込んだ意見のすべてを反映させるわけではないが，国民の意見や要望に沿って計画や法案内容を一部修正する。つまり全人代の立法過程には代表性，アクセス可能性，有効性を確認でき，適切で効果的に権力が使用され，法律は一定の国民の同意を得ているのである。もちろん立法過程への民意取り込みだけが共産党が正当性を維持し，大衆の支持を獲得する手段ではない。法案やイシューによっては同じ機能を果たさないこともあろう。しかし全人代が共産党の統治の有効性を高める一手段として活用されていることは，第1章で示された党指導部の一連の発言からも確認できる。

ラオスでは国会が非常に多様な機能をもち始めた。国会は2000年代中頃から不服申立てやホットライン制度を構築し，国民の不満や要望を国会に吸収するだけでなく，時に国家機関と国民の間に立って問題解決の媒介機能を果たすようになった。必ずしも国民の選好に沿った対応がなされるわけではないが，国会は対応方法や結果だけでなく理由も含めて国民への説明責任を果たしている。このような制度からは，国会の代表性，アクセス可能性，アカウンタビリティ，有効性が見て取れ，権力が適切かつ効果的に使用されていることがわかる。人民革命党は国民の意見に順応的に反応することで，国民の支持獲得に努めているのである。

ドイモイ初期に始まったベトナムの国会改革は，もともと統治の有効性向上や正当性維持を目的としていた。現在でも国会にそのような機能が期待されていることに変化はない。しかし1990年代後半からリーダーシップの危機が顕在化すると，国会は党内の意見や利害対立の解消に活用されるようになった。だからといってそのような議会機能が正当性の維持・獲得に寄与していないわけではない。南北高速鉄道計画の否決や国家幹部への信任投票結果はおおむね国民の意見を反映しており，国会での過程がメディア等を通じて国民の目にふれることで透明性向上にもつながっている。パフォーマンスの悪い国家幹部に「低信任」を与え，彼らが次回投票までにパフォーマンスを改善し信頼を回復することは，「水平的アカウンタビリティ」や「代理アカウンタビリティ」ともいえる[2]。第3章で扱った事例からは正当性の維持・

獲得に直結する議会機能はみられなかったが，間接的効果は見て取れた。国会には党指導部内の問題解決の副産物として，透明性，アカウンタビリティ，有効性を確認できる。

カンボジアの国会にも直接的な正当性の維持・獲得という機能はみられなかった。国会は直接的な正当性の維持・獲得よりも，体制への脅威緩和に活用されている。そして先述の議会機能に照らし合わせれば，カンボジアの国会は非常に非民主的といえる。人民党が議会運営を独占し，国会内規を頻繁に改正し野党だけでなく連立パートナーさえも政策決定過程から追い出し，野党議員の発言を制限している。国会の代表性，透明性，アカウンタビリティ，有効性は著しく低い。つまり権力が適切かつ効果的に使用されているとは言い難い。しかし人民党は正当性の源泉である選挙に勝利するための一手段として国会を活用している。野党を選挙から完全に排除できないという制約も含め，人民党の行動様式は選挙での勝利，すなわち正当性の維持・獲得によって規定されているのである。

以上，各章の事例からは，それぞれの議会が直接的／間接的に独裁者の正当性維持・獲得に寄与していることがわかる。また，共産党独裁体制下の議会が「民主的特徴」を有している一方で，選挙権威主義体制下のカンボジアでは議会が「非民主的」に機能していることも明らかになった。このような「逆転現象」は，独裁者が直面する課題，求められる正当性，政治的背景を分析することで初めて理解できるのではないだろうか。

第3節　新たな視座への試論

これまでの権威主義体制研究は複数政党制と競争的選挙の有無を中心に展開してきた。それら2つの要因は体制の類型化だけでなく，民主的制度と体制維持の関係を分析する際の鍵でもあった。競争的独裁体制では明示的／潜在的脅威が明確であるため，自ずと政党，議会，選挙などの民主的制度がい

かに脅威の緩和に寄与するかという視点から研究が行われてきたのである。競争的独裁体制の研究によりこれまで多くの成果が生み出されたことは事実である。しかし繰り返し述べてきたように，その知見をそのまま他の独裁体制に適用することには留意が必要である。

そこで本書ではいったん，複数政党制や競争的選挙という視点をとり払い，2つの異なるアプローチをとった。ひとつは，サブカテゴリー間を比較分析する際のアプローチである。異なるサブカテゴリー間を比較の俎上に載せるには，政治制度上のちがいを乗り越えるアプローチが必要となる。しかしこれまでは，複数政党制と競争的選挙の有無によって類型化が行われてきたにもかかわらず，制度を分析する段階では競争的な独裁体制と閉鎖的な独裁体制の制度上のちがいはあたかもないものとされてきた。だからこそ，前者の体制で得られた知見が後者の体制にアプリオリに適用されてきたのだろう。

しかし制度上の相違が消えるわけではない。制度の相違は独裁者が抱える課題や制度の機能にもちがいを生み出す。つまりサブカテゴリー間の制度のちがいを受け入れたうえで，それを乗り越える視点が必要となる。そこで本書では党と国家の融合性という観点から，中国，ラオス，ベトナム，カンボジアの4カ国をとらえ直した。そのようにとらえれば，競争的か閉鎖的かのちがいで線引きすることなく，少なくとも競争的独裁体制と共産党独裁体制を横断的に分析でき，複数政党制と競争的選挙の有無という制度のちがいが独裁者の課題や制度の機能に及ぼす影響も観察することができる。

そこからもうひとつのアプローチを導くことができる。それは正当性の維持という独裁者の課題である。独裁者にとって明示的/潜在的反対勢力の取り込み・分断が重要なのは間違いない。一方で，正当性を維持し幅広い大衆の支持を獲得することも，独裁者が体制を維持するうえでは同じく重要である。とくに閉鎖的独裁体制では競争的選挙がないために，特定の脅威を緩和し特定の支持を得るのではなく，正当性を高めより幅広い大衆の支持獲得が体制の安定的維持にとって重要となる。しかしこれまでは競争的体制を中心にとらえてきたため，脅威の緩和という課題にのみ関心が向けられてきた。

したがって，複数政党制や競争的選挙という視点からいったん離れ，改めて正当性の維持が独裁者にとって重要課題であることを確認し，サブカテゴリー間を横断するテーマとしてとりあげたのである。

このように複数政党制や競争的選挙の有無に基づかないアプローチを採用することで，独裁者の課題や制度の機能が多様であることを改めて確認できる。もちろん複数政党制と競争的選挙という視点を分析概念から外すといっても，その制度が独裁者の課題や制度の機能に影響を及ぼすことは否定していない。反対勢力の脅威緩和も重要である。それはカンボジアの国会が明示的/潜在的反対勢力の取り込み・分断機能を果たしていることからも裏付けられる。しかし正当性という観点がなければ，明示的/潜在的脅威の取り込み・分断が選挙戦略の一環として重要な意味をもっている点は理解できないだろう。また手続き的民主主義が共有された規範と価値であるために，選挙（正当性の源泉）が人民党の行動様式を規定していることもわからない。中国，ラオス，ベトナムについては，そもそも独裁者が重視する課題や制度が異なっているため，別のアプローチを用いなければ3カ国の議会がもつ機能の多様性を理解することは難しい。

本書で試みた党と国家が融合する独裁体制という視点は，あくまで複数政党制と競争的選挙の有無からいったん離れるためのものであり，それが唯一正しいと主張するものではない。他にも有効な視点はあるだろう。また党と国家の融合性としている以上，統治に政党が重要な役割を果たさない王制や軍制は分析対象外となる。また何をもって党と国家が融合しているとみなすのかその指標も問題である。国会には脅威緩和や正当性の維持・獲得以外の機能もあろう。他にも多くの課題はある。しかし筆者は，体制維持と議会の関係は脅威の緩和だけでなく，別の視点からもとらえることができ，議会機能やそれがもつ意味もその国の政治的背景によって多様であることは示せたと考える。

おわりに

　本書でとりあげた4カ国では、もともと議会は二次的な位置づけであり注目されることはなかった。しかし近年、議会は国民の代表機関としてその重要性を増し、国民も議会の代表性を認識し始め、議会は国民との関係性において重要な役割を担い始めた。独裁体制下の議会は脅威の緩和だけでなく支配の正当性の維持・獲得においても、重要な役割を果たしているのである[3]。

　ただし議会が今後も同じ機能を果たし続けるとは限らない。独裁者が直面する課題や求められる正当性が変化すれば、当然、それに適応した制度や機能が構築されるだろう。たとえば中国の立法過程では、パブリックコメントへのフィードバック機能が構築されていないが、現政権はその必要性を認識し今後整備する方針を示している。当初ラオスの国会も中国と同様にインプット機能しか整備していなかった。しかし国民がインプットに対するアウトプットを求めるようになり、人民革命党は国会に多様なアカウンタビリティ機能を整備したのである。ベトナムは党内状況の変化により、国会が党内問題の解決の場として活用され、時には従来党指導部の専権事項であったような重要な決定さえ国会議員の判断の対象とされるようになった。このように直面する課題や国民の不満に応じて、共産党は議会機能を柔軟に変更してきたのである。

　カンボジアの国会も今後大きく変化する予兆を示している。カンボジアでも国会は二次的存在であった。しかし2013年の総選挙で人民党が大幅に議席を減らし野党救国党が躍進した結果、国会の位置づけが変わりつつある[4]。これまでのように人民党が国会運営を牛耳ることができなくなったため、国会をこれまでと同様に選挙戦略の一手段として活用することが難しくなるだろう。また野党が躍進したことで国会に対する国民の関心も高まっており、今後人民党は救国党の政策を一部取り込むなどし、議会を通じた幅広い大衆の支持獲得をめざす可能性もある。

また本書では国会のみをとりあげているが，今後は地方議会の分析も必要だろう。たとえば中国では人民代表大会が国民の代表機関として機能し，国民の要求を共産党や政府に伝達している。ベトナムではとくに1990年代後半以来の分権化の趨勢のなかで，省級の人民評議会の権限が拡大し，地方予算等重要事項にかかる決定権や執行機関である人民委員会の活動に対する監察機能も国会と同様に強化されてきた。また2012年には国会による国家幹部に対する信任投票制度とならんで，各級人民評議会による地方幹部に対する信任投票制度も導入されている。中国やベトナムでは地方議会でも正当性獲得のための機能が観察できる。一方現在ラオスに地方議会はないが（1991年に廃止)，すでに県議会の復活が決定されている。これまで国会が担ってきた地方住民の意見や不満の吸収という機能は県議会に移譲される可能性がある。そうなれば国会の役割や機能にも影響するため，ラオスの議会は中央と地方で今後大きく変わることが予想される。カンボジアの各級評議会の大半は人民党が過半数を占める状態が続いているが，国会での野党の躍進が今後の地方評議会選挙に影響を与える可能性は否定できない。また人民党にとっても，地方評議会を通じた正当性の維持・獲得が必要になるかもしれない。

　いずれにしろ独裁者が体制を維持するには，体制への脅威を緩和するだけでなく，国民の期待に応える制度の構築が必要不可欠である。その一方で，独裁者にとっての制度は体制の維持に寄与するものでなければならない。第3章で石塚が指摘したように，議会が独裁体制の維持に寄与するのはそれが党の管理下にあり，また国民の代表機関としての正当性をもつゆえである。議会に対する党の管理が強化されれば，代表としての議会の正当性や自律性が低下し，それが党支配の正当性の低下をもたらす恐れがある。一方で議会の自律性を高めれば，国会が党の意志を離れ党と政府に対抗する独自アクターに成長する可能性がある。そのような議会を党の統制下に置き続けることは難しい。つまり両者のバランスをどうとるかである。

　4カ国の独裁者は今後も微妙なバランスを保ちながら，課題や状況，また必要とされる正当性に応じて，試行錯誤を繰り返しつつ議会制度や機能を変

化させ体制の維持を図っていくだろう。そのような動的な変化を理解するならば，今後も特定の課題や機能に囚われない独裁体制下の政治制度分析が必要になる。本書はそのための試みであり，それが妥当であったかどうかは読者の判断に委ねるしかない。なぜ独裁体制は持続しているのか。そして独裁者は体制を維持するためにどのような取り組みを行っているのか。本書がその理解への一助となれば幸いである。

〔注〕
(1) たとえば Magaloni (2006, 19), Ezrow and Frantz (2011, 55), Rose, Mishler and Munro (2011, 1-5), Dimitrov (2013, 4) などである。
(2) 国会が政府行政機関に対する監督機能を果たすという意味で「水平的アカウンタビリティ」を果たし，国会が国民の意見を反映して政府閣僚に対して不支持を表明し，次回信任投票までにパフォーマンスを改善させるという点で「代理アカウンタビリティ」ととらえられる。アカウンタビリティについては第2章第1節を参照されたい。
(3) Zheng, Fook and Hofmeister (2014, 5) は政治体制の種類に関係なく，今日のアジアの政府にとっては正当性の問題が重要になっており，議会がその鍵であると指摘している。彼らは議論をアジアに限定しているが，その他地域においても当てはまる議論だと考えられる。
(4) 2013年選挙では，人民党の議席数が定数の3分の2を割り，その結果憲法改正や議員特権剥奪などの議決には，野党救国党の賛成が必要になった。また救国党が内閣不信任決議案の提出が可能な30議席以上を上回る55議席を獲得したことなどが理由である（山田 2013, 4-7）。

〔参考文献〕

＜日本語文献＞
久保慶一 2013.「権威主義体制における議会と選挙の役割」（特集にあたって）『アジア経済』54(4) 12月 2-10.
山田裕史 2013.「変革を迫られる人民党一党支配体制」（特集カンボジア国家建設の20年）『アジ研ワールド・トレンド』(219) 2013年12月/2014年1月合併号 4-7.

<英語文献>

Alagappa, Muthiah. 1995. "Introduction." In *Political Legitimacy in Southeast Asia: The Quest for Moral Authority*, ed. by Muthiah Alagappa. Stanford: Stanford University Press, 1-30.

Dimitrov, Martin K. 2013. "Understanding Communist Collapse and Resilience." In *Why Communism Did Not Collapse: Understanding Authoritarian Regime Resilience in Asia and Europe*, ed. by Martin K. Dimitrov. New York: Cambridge University Press, 3-39.

Ezrow, Natasha M. and Erica Frantz. 2011. *Dictators and Dictatorships: Understanding Authoritarian Regimes and Their Leaders*. New York: Continuum.

Gandhi, Jennifer. 2008. *Political Institutions under Dictatorship*. New York: Cambridge University Press.

Gerschewski, Johannes. 2013. "The Three Pillars of Stability: Legitimation, Repression, and Co-optation in Autocratic Regimes." *Democratization* 20(1): 13-38.

Köllner, Patrick and Steffen Kailitz. 2013. "Comparing Autocracies: Theoretical Issues and Empirical Analyses." *Democratization* 20(1): 1-12.

Magaloni, Beatriz. 2006. *Voting for Autocracy: Hegemonic Party Survival and Its Demise in Mexico*. New York: Cambridge University Press.

Rose, Richard, William Mishler and Neil Munro. 2011. *Popular Support for an Undemocratic Regime: The Changing Views of Russians*. Cambridge: Cambridge University Press.

Wright, Joseph. 2008. "Do Authoritarian Institutions Constrain? How Legislatures Affect Economic Growth and Investment." *American Journal of Political Science* 52(2) April: 322-343.

Zheng, Yongniam, Lye Liang Fook and Wilhem Hofmeister. 2014. "Introduction: Parliaments in Asia: Institution Building and Political Development." In *Parliaments in Asia: Institution Building and Political Development*, ed. by Zheng Yongnian, Lye Liang Fook and Wilhem Hofmeister. London: Routledge, 1-12.

索引

【人名】

ヴォー・ヴァン・キエット　121, 135
オブライエン（Kevin J. O'Brien）40
カイソーン・ポムヴィハーン　71
加茂具樹　15, 21, 22, 40, 41, 63
ガンディー（Jennifer Gandhi）　13
グエン・ヴァン・リン　122
グエン・タン・ズン　124, 128, 130, 136, 137
グエン・フー・チョン　124, 128
クム・ソカー　163-166, 172
サム・ランシー（サム・ランシー党を除く）153, 155, 156, 162-166, 171
習近平　61
シューラー（Paul Schuler）29, 110, 112
スボリック（Millan W. Svolik）12-14, 28, 30
チュオン・タン・サン　124, 136
ド・ムオイ　121
ノロドム・ラナリット（ノロドム・ラナリット党を除く）i, 141, 152, 155, 157, 158, 171, 172
ノン・ドゥク・マイン　123, 124
フン・セン　150, 155-159, 161, 163, 165, 166, 171, 172
ホー・チ・ミン　109
ポル・ポト　29, 143, 165
マレスキー（Edmund Malesky）29, 110-112, 132, 134

【英数】

3分の2条項　155, 156, 171
PMU18事件　123

【あ行】

アウトプット　70, 88, 99, 188
アウトプットメカニズム，アウトプット機能　25, 70-72, 75, 77, 85, 88, 92, 94, 99, 100, 180
アカウンタビリティ　10, 17, 21, 22, 24-26, 62, 75-77, 85, 99, 102, 110, 111, 113, 115-117, 132, 180, 183-185, 188, 190
　垂直的―――　23, 75-77, 85, 99, 100, 115, 116, 134, 180
　水平的―――　17, 23, 75-77, 79, 85, 99, 100, 116, 180, 184, 190
　代理―――　76, 77, 79, 85, 99, 100, 180, 184, 190
意見聴取　50, 53, 55, 59, 60, 73, 125
一党支配体制　i, 29, 36, 60-62, 70, 141, 145, 149
インプット　25, 70-72, 75, 77, 85, 86, 88, 92, 94, 98-100, 180, 188
応答　16, 17, 25, 69-72, 75, 85, 98, 99, 101, 102, 110, 113, 114, 135

【か行】

カンボジア人民党（人民党）11, 19, 20, 26, 29, 141-150, 152-173, 181, 185, 187-190
議員特権　26, 153, 155, 156, 162, 163, 171, 190
救国党　143, 163-169, 172, 173, 188, 190
脅威　i, ii, 3-6, 13-16, 23, 26, 27, 29, 30, 39, 100, 112, 117, 118, 123, 167, 168, 177, 178, 181, 183, 185-189
共産党一党独裁，共産党独裁体制　5, 7, 9, 10, 12, 15, 18, 72, 76, 111, 115, 116, 120, 122, 125, 178, 185, 186
強靭性　10, 38
競争的権威主義体制，競争的独裁体制　4, 7-9, 12, 28, 29, 72, 185, 186
競争的選挙　ii, 4-8, 10, 12, 13, 19, 23, 26, 27, 76, 116, 142, 177-179, 185-187
競争的体制　i, 6, 177, 186
共有された規範と価値　17-19, 144, 183, 187
グループ制　154, 155, 158, 171

群体性事件　19, 20, 24, 36, 54
権威主義体制，権威主義体制研究　i, ii, 3, 4, 6-9, 11, 15, 27-29, 38, 40, 69, 71, 72, 100, 110, 111, 113, 116, 117, 142, 144, 168, 177, 179, 183, 185
　　選挙―――　7, 9, 28, 29, 185
権力分有　3, 14, 15, 23, 146, 157, 171, 173, 181
公聴会　53
国民議会（カンボジア）　142-144, 146-150, 152-155, 157, 158, 162-165, 167-173, 181
　　―――第3期　26, 142-144, 147-150, 152-153, 156, 160, 167, 168, 170-172, 181
　　―――第4期　26, 142, 143, 144, 147, 148, 152, 160, 161, 167, 168, 173, 181
　　―――常任委員会（カンボジア）　146, 148, 149, 153, 158, 161, 162, 165
国民議会内規（カンボジア）　26, 142, 147, 149, 150, 153-157, 170, 171
国民の支持　98, 183
国民の支持獲得　i, 4, 21, 23, 41, 69, 71, 75, 98, 100, 169, 178, 181, 184
国民の積極的/消極的支持　4, 69, 74
国民の不満　15, 20, 69-72, 76, 78, 83, 85, 86, 92, 93, 98-100, 119, 184, 188
国務院　37, 42-46, 48, 49, 57-59, 63, 64
国会　15, 20, 23, 25, 26, 28, 29, 63, 69-75, 77-88, 92-94, 98-103, 109-128, 130-137, 180, 181, 184, 185, 187-190
国会議員選挙　109-115, 120, 121, 132, 134, 135
国会議員団　73, 74, 79-83, 99, 101, 102
国家政党　11, 12
コミットメント問題　14, 30, 100, 178, 181
ゴム印機関，ラバースタンプ　21, 40, 70, 71, 120, 122, 142, 149, 169

【さ行】

座談会　49, 50, 53, 57, 60
サム・ランシー党　150, 152-156, 158-165, 167, 169, 171-173
シグナリング　113, 114
社会経済エリート　5, 39, 178
常務委　⇒　全国人民代表大会常務委員会
常務委員会秘書処⇒全国人民代表大会常務委員会秘書処
人権党　160, 162-165, 167, 173
人代ネット　56-58
信任投票，信任投票制度　25, 110, 115, 117, 124, 127, 128, 130, 131, 133-137, 180, 184, 189, 190
人民革命党　⇒　ラオス人民革命党
人民代表大会（人代）（全人代を除く）　15, 22, 24, 36, 37, 39-42, 44, 48, 50, 51, 58, 60, 62-64
垂直的アカウンタビリティ　⇒　アカウンタビリティ
水平的アカウンタビリティ　⇒　アカウンタビリティ
請願解決法　78
政治参加　36, 53, 55, 69, 70
政治の脅威　112, 117, 123
政治ポスト　14, 144, 146, 149, 152, 168, 181
正当性　i, ii, 3-6, 15-19, 21-24, 26-28, 30, 35, 39, 41, 42, 110-113, 133, 144-146, 165, 166, 168, 177-190
政府党，政府党体制　11, 12, 30
選挙権威主義体制　⇒　権威主義体制
全国人民代表大会（全人代）　23, 24, 28, 35, 37, 40-46, 48-50, 54-64, 179, 183, 184
全国人民代表大会主席団（全人代主席団）　43-45, 48
全国人民代表大会常務委員会（全人大常務委）　20, 24, 35, 37, 41-45, 48-51, 54-64, 79, 80, 82, 84, 101, 127, 135, 179, 183
全国人民代表大会常務委員会委員長会議

（全人代常務委員長会議）　55
全国人民代表大会常務委員会秘書処（常務委員会秘書処）　42, 43, 49, 50
潜在的反対勢力　⇒　明示的/潜在的反対勢力
全人代　⇒　全国人民代表大会
全人代主席団　⇒　全国人民代表大会主席団
全人代常務委　⇒　全国人民代表大会常務委員会
全人代常務委員長会議　⇒　全国人民代表大会常務委員会委員長会議
総選挙2003年, 2008年, 2013年（カンボジア）　20, 142-144, 146, 150, 153, 155, 156, 158-165, 167-170, 172, 173, 188

【た行】

体制外反対勢力の脅威　4
体制内の脅威　3
体制の維持, 体制の持続　i, 3, 4, 13, 16, 27, 35-37, 38, 40, 41, 62, 63, 70-72, 113, 178, 189, 190
代理アカウンタビリティ　⇒　アカウンタビリティ
中国共産党　35-39, 41, 45, 60, 62, 64
手続き的民主主義　142, 145, 187
天安門事件　38, 54, 120
ドイモイ　25, 109, 111, 112, 117-120, 122, 126, 131-134, 180, 184
党＝国家体制　10-12, 39, 69, 100
党組　10, 11, 29, 35, 45, 46, 49, 50, 61, 63, 101, 118
統治の有効性　21, 24, 36, 37, 41, 60, 61, 110, 111, 115, 180, 184
党と国家の融合性　10, 12, 186, 187
独裁者　i, ii, 3-6, 12-16, 21, 23, 24, 26-28, 30, 70, 100, 177, 178, 183, 185-190
独裁体制, 閉鎖的体制, 閉鎖的独裁体制　i, ii, 3-10, 12-16, 18, 21-25, 27-29, 69, 72, 74, 76, 100, 101, 111, 115-117, 133, 177-179, 181-183, 185-190
共産党―――　⇒　共産党一党独裁
取り込み, 取り込み・分断, 取り込む（民意の取り込みを除く）　4, 5, 13, 14, 15, 23, 26, 28, 29, 39-41, 54, 100, 110, 111, 113-117, 131, 132, 141-144, 149, 150, 152, 153, 155, 160-162, 167-169, 178, 180, 181, 186, 187, 188

【な行】

南北高速鉄道計画　25, 132, 133, 137, 180, 184
ノロドム・ラナリット党　158-162, 164, 165, 167, 172

【は行】

パブリックコメント　24, 37, 53-61, 179, 183, 188
パリ和平協定　11, 145, 171
反人民党勢力　143, 167
非国家組織　24, 35
非民主的体制　6, 11
封じ込め　153, 155, 160, 168
複数政党制　ii, 4-8, 10, 12, 19, 27, 61, 112, 135, 141, 144, 145, 166, 168, 177, 178, 185-187
不服申立て　25, 72, 75, 77-85, 98, 99, 103, 180, 184
フンシンペック党　141, 150, 152-162, 164, 165, 167, 169, 171, 172
分断（取り込み・分断は「取り込み・分断」を見よ）　4, 13, 142-144, 149, 152, 155, 157-162, 167-169, 180
閉鎖的体制　⇒　独裁体制
閉鎖的独裁体制　⇒　独裁体制
ベトナム共産党　25, 112, 117, 123, 132, 133, 180
法律遵守委員会　81-84
暴力　3, 12, 18, 69
ホーチミン（都市名）　126
ホットライン　25, 72, 73, 75, 77, 85-88,

92-94, 98, 99, 180, 184

【ま行】

マルクス・レーニン主義　11, 117, 118, 134, 169
民意　15, 19-21, 24, 35-37, 40-42, 48, 50-53, 56, 59, 61, 62, 64, 65, 69, 92, 122, 126, 179, 184
――（の）取り込み　24, 35, 36, 37, 42, 48, 50-53, 56, 61, 64, 65, 179, 184
――（を）反映　69, 92, 122
民主的制度　i, ii, 4-6, 8, 12, 13, 28, 71, 72, 110, 111, 113, 177, 178, 185
明示的/潜在的反対勢力　4, 5, 14, 27, 29, 40, 116, 180, 181, 186, 187
メカニズム（アウトプットメカニズムは「アウトプットメカニズム」を見よ）　i, 4, 8-10, 20, 25, 27, 37, 48, 61, 69-70 , 76, 84, 98, 99, 110, 111, 113, 115, 117, 131
メディア　22, 25, 26, 39, 72, 87, 88, 94, 99, 111, 122, 123, 125, 126, 133, 137, 143, 166, 180, 184

【や行】

優位な政治環境　143, 167
抑圧　3, 8, 12, 15, 18, 69, 70, 113, 132

【ら行】

ラオス人民革命党（人民革命党）　15, 20, 25, 69, 70, 72, 100, 169, 184, 188
ラバースタンプ　⇒　ゴム印機関
リーダーシップ，リーダーシップの危機　25, 111, 117, 118, 122, 123, 125, 127, 132, 133, 180, 184
立法過程　24, 37, 41, 42, 44, 48, 54, 55, 59, 61, 179, 183, 184, 188
立法計画　37, 46, 48-50, 54, 61, 179
立法法　42, 43, 54, 55, 62, 63, 65

レント，レント分配　3, 5, 13, 14, 23, 28, 29, 40, 113, 178

複製許可およびPDF版の提供について

　点訳データ，音読データ，拡大写本データなど，視覚障害者のための利用に限り，非営利目的を条件として，本書の内容を複製することを認めます（http://www.ide.go.jp/Japanese/Publish/reproduction.html）。転載許可担当宛に書面でお申し込みください。

　また，視覚障害，肢体不自由などを理由として必要とされる方に，本書のPDFファイルを提供します。下記のPDF版申込書（コピー不可）を切りとり，必要事項をご記入のうえ，販売担当宛ご郵送ください。折り返しPDFファイルを電子メールに添付してお送りします。

〒261−8545　千葉県千葉市美浜区若葉3丁目2番2
　　日本貿易振興機構 アジア経済研究所
　　研究支援部出版企画編集課　各担当宛

　ご連絡頂いた個人情報は，アジア経済研究所出版企画編集課（個人情報保護管理者−出版企画編集課長 043-299-9534）が厳重に管理し，本用途以外には使用いたしません。また，ご本人の承諾なく第三者に開示することはありません。

　　　　　　　　　　　アジア経済研究所研究支援部 出版企画編集課長

PDF版の提供を申し込みます。他の用途には利用しません。

山田紀彦編「独裁体制における議会と正当性――中国，ラオス，ベトナム，カンボジア――」　【研究双書621】　2015年

住所 〒

氏名：　　　　　　　　　　　年齢：

職業：

電話番号：

電子メールアドレス：

山田　紀彦(やまだ　のりひこ)	（アジア経済研究所　在ヴィエンチャン海外調査員）
諏訪　一幸(すわ　かずゆき)	（静岡県立大学国際関係学部国際言語文化学科教授）
石塚　二葉(いしづか　ふたば)	（アジア経済研究所新領域研究センター法・制度研究グループ）
山田　裕史(やまだ　ひろし)	（新潟国際情報大学国際学部国際文化学科講師）

―執筆順―

独裁体制における議会と正当性
──中国，ラオス，ベトナム，カンボジア──

研究双書No.621

2015年11月12日発行　　　　定価［本体2400円＋税］

編　者　　山田紀彦

発行所　　アジア経済研究所
　　　　　独立行政法人日本貿易振興機構
　　　　　〒261-8545　千葉県千葉市美浜区若葉3丁目2番2
　　　研究支援部　　電話　043-299-9735
　　　　　　　　　　FAX　043-299-9736
　　　　　　　　　　E-mail syuppan@ide.go.jp
　　　　　　　　　　http://www.ide.go.jp

印刷所　　日本ハイコム株式会社

Ⓒ独立行政法人日本貿易振興機構アジア経済研究所　2015
落丁・乱丁本はお取り替えいたします　　　無断転載を禁ず
　　　　　　　　　　　　　ISBN　978-4-258-04621-8

「研究双書」シリーズ

(表示価格は本体価格です)

No.	タイトル	副題・編著者	年	頁	価格	概要
620	アフリカ土地政策史	武内進一編	2015年		近刊	植民地化以降,アフリカの諸国家はいかに土地と人々を支配しようとしたのか。独立や冷戦終結は,その試みをどう変えたのか。アフリカの国家社会関係を考えるための必読書。
619	中国の都市化	拡張,不安定と管理メカニズム 天児慧・任哲編	2015年	173p.	2,200円	都市化に伴う利害の衝突がいかに解決されるかは,その都市または国の政治のあり方に大きく影響する。本書は,中国の都市化過程で,異なる利害がどのように衝突し,問題がいかに解決されるのかを政治学と社会学のアプローチで考察したものである。
618	新興諸国の現金給付政策	アイディア・言説の視点から 宇佐見耕一・牧野久美子編	2015年	239p.	2,900円	新興諸国等において貧困緩和政策として新たな現金給付政策が重要性を増している。本書では,アイディアや言説的要因に注目して新たな政策の形成過程を分析している。
617	変容する中国・国家発展改革委員会	機能と影響に関する実証分析 佐々木智弘編	2015年	150p.	1,900円	中国で強大な権限を有する国家発展改革委員会。市場経済化とともに変容する機能や影響を制度の分析とケーススタディーを通じて明らかにする。
616	アジアの生態危機と持続可能性	フィールドからのサステイナビリティ論 大塚健司編	2015年	294p.	3,700円	アジアの経済成長の周辺に置かれているフィールドの基層から,長期化する生態危機への政策対応と社会対応に関する経験知を束ねていくことにより,「サステイナビリティ論」の新たな地平を切り拓く。
615	ココア共和国の近代	コートジボワールの結社史と統合的革命 佐藤章著	2015年	356p.	4,400円	アフリカにはまれな「安定と発展の代名詞」と謳われたこの国が突如として不安定化の道をたどり,内戦にまで至ったのはなぜか。世界最大のココア生産国の1世紀にわたる政治史からこの問いに迫る,本邦初のコートジボワール通史の試み。
614	「後発性」のポリティクス	資源・環境政策の形成過程 寺尾忠能編	2015年	223p.	2,700円	後発の公共政策である資源・環境政策の後発国での形成を「二つの後発性」と捉え,東・東南アジア諸国と先進国を事例に「後発性」が政策形成過程に与える影響を考察する。
613	国際リユースと発展途上国	越境する中古品取引 小島道一編	2014年	286p.	3,600円	中古家電・中古自動車・中古農機・古着などさまざまな中古品が先進国から途上国に輸入され再使用されている。そのフローや担い手,規制のあり方などを検討する。
612	「ポスト新自由主義期」ラテンアメリカにおける政治参加	上谷直克編	2014年	258p.	3,200円	本書は,「ポスト新自由主義期」と呼ばれる現在のラテンアメリカ諸国に焦点を合わせ,そこでの「政治参加」の意義,役割,実態や理由を経験的・実証的に論究する試みである。
611	東アジアにおける移民労働者の法制度	送出国と受入国の共通基盤の構築に向けて 山田美和編	2014年	288p.	3,600円	東アジアがASEANを中心に自由貿易協定で繋がる現在,労働力の需要と供給における相互依存が高まっている。東アジア各国の移民労働者に関する法制度・政策を分析し,経済統合における労働市場のあり方を問う。
610	途上国からみた「貿易と環境」	新しいシステム構築への模索 箭内彰子・道田悦代編	2014年	324p.	4,200円	国際的な環境政策における途上国の重要性が増している。貿易を通じた途上国への環境影響とその視座を検討し,グローバル化のなか実効性のある貿易・環境政策を探る。
609	国際産業連関分析論	理論と応用 玉村千治・桑森啓編	2014年	251p.	3,100円	国際産業連関分析に特化した体系的研究書。アジア国際産業連関表を例に,国際産業連関表の理論的基礎や作成の歴史,作成方法,主要な分析方法を解説するとともに,さまざまな実証分析を行い,その応用可能性を探る。
608	和解過程下の国家と政治	アフリカ・中東の事例から 佐藤章編	2014年	290p.	3,700円	紛争勃発後の国々では和解の名のもとにいかなる動態的な政治が展開されているか。そして,その動態が国家のあり方にどのように作用するのか。綿密な事例研究を通して紛争研究の新たな視座を探究する。